U0152035

文史哲學集成

葉日光著

左思生平及其詩之析論

文史哲出版社印行

左思生平及其詩之析論 / 葉日光著. -- 初版. -- 臺北市：文史哲, 民 98.11 印刷
194 頁 21 公分.（文史哲學集成；27）
參考書目：頁 187-194
ISBN 978-957-547-233-7 (平裝)

851.43

文史哲學集成 27

左思生平及其詩之析論

著者：葉日光
出版者：文史哲出版社
http://www.lapen.com.tw
e-mail：lapen@ms74.hinet.net
登記證字號：行政院新聞局版臺業字五三三七號
發行人：彭正雄
發行所：文史哲出版社
印刷者：文史哲出版社
臺北市羅斯福路一段七十二巷四號
郵政劃撥帳號：一六一八〇一七五
電話886-2-23511028・傳真886-2-23965656

實價新臺幣二八〇元

中華民國六十八年（1979）四月初版
中華民國九十八年（2009）十一月BOD初版一刷

著財權所有・侵權者必究
ISBN 978-957-547-233-7 00027

序言

詩至建安以後，漸尚綺靡，曹王諸子導源於前，太康群英揚波於後，衍至南朝，流風所及，競尚新變，其風益熾。就其內容而言，是「連篇累牘，不出月露之形，積案盈箱，惟是風雲之狀。」（李諤論文體書）就其辭藻而言，是「縟旨星稠，繁文綺合」（文心明詩篇）「或析文以爲妙，或流靡以自姸」（文心明詩篇）。就其風格而言，則是「極貌寫物，窮力追新」（文心明詩篇）「文貴形似，功在密附」（文心物色篇）。因此，生當其世的作家，不是「體情日疏，逐文愈盛」（文心情采篇），就是「採濫忽眞，遠棄風雅」（文心情采篇），使得整個文壇皆沉溺在一片惟美文風的追逐之中，而喪失了詩歌「詠其所志，頌其所見」（左思三都賦）那種高貴的本質和神聖的使命。同時也因而使得此一時代之作品，遭受歷代批評家最多最嚴厲之批評和詬罵，至謂「自從建安來，綺麗不足珍」（李白古風）「齊梁及陳隋，衆作等蟬噪」（韓愈薦士），然此其間，亦未嘗沒有幾個有見識有個性能夠擺脫時代風氣枷鎖，而「振衣千仞岡，濯足萬里流」（左思詠史）的「獨立特行」之士，如嵇、阮、陶、郭、鮑等，或借景物以詠懷，或借史事以寄意，或借遊仙以述志，或因時序以寄慨，無不志深筆長，出其肺腑，而各有其獨特之風格和面貌。其中，嵇、阮、陶、郭、鮑等，因作品較多，故世之論其作者多矣。惟左思所作既少，位復極卑，故論者不多，而有計劃有系統探討研究其作品者,更無論矣。然而左思「業深覃思，盡銳於三都，拔萃於詠史」（鍾嶸詩品），上承建安餘風，下開「詠史」「嬌女」無數法門，其於中國文學史上之地位與影響，固不容吾人稍有忽視，是故筆者不揣䕫陋，在資料極端窘困之情況下，對其作品作一全盤性之分析討論，而勉成此篇。如果幸而對左思作品與地位之認識與了解，能提供一些淺薄的意見，以作爲研究中古文學者的一塊小小的跳板，則於願足矣。

民國六十八年四月十五日於楊梅寓所

左思生平及其詩之析論　目錄

第一章　左思的生平及其作品年代的推測

第一節　左思的生平

生活是作家創作的基礎和泉源，因此吾人如欲深切的鑽研探討一個作家作品的內容和風格，自不能不先從他的生活、經歷、家世、交遊等方面開始做起。可惜左思由於出身寒微，賦性高傲，且又「不好交遊，惟以閒居爲事。」〔註一〕與當代名公巨卿既無親密之交往，又無深厚之友誼，因此無論在他自己或同代作家的作品中，均未曾留下絲毫交往之痕跡和記錄。而且在正史上，也由於他身分地位太過卑微，而未曾爲他單獨立傳，只把他雜列在人數衆多的文苑傳中略加介紹而已。在這種資料極爲貧乏窘困的情形下，對左思的家世和生活想要有一深入而詳確的了解，自然是一件非常不容易的事情。但魏晉南北朝這個時代是中國歷史上最重視門第出身的時代，一個人出身門第的高低好壞，對他將來生活事業的窮通否泰有其決定性的作用和影響。因此有關左思生平方面的資料，雖然有缺乏窘困之現象，我們也不能夠以此而規避閃躲，裹足不前。以下我們就以目前所能蒐集到的資料，分由下列五個項目來加以探討介紹。

一、先世

關於左思先世的情形，晉書文苑傳中有兩段極爲簡要的記載：

「左思，字太沖，齊國臨淄人，其先，齊之公族，有左右公子，因以爲氏焉，父雍，起小吏。」——（晉書文苑傳）

「邱明之後，魏左雍爲侍御史。」——（晉書文苑傳注引元和姓纂）

從上述兩段記載中，我們可以得知兩件事情：(1)左思先世曾爲齊國公族，至其父祖時則已逐漸淪爲地方小吏。(2)世代皆以儒學傳家，在其先祖中曾出現過像左邱明這種偉大的儒者。〔註二〕由於他有這種「由貴族淪爲平民小吏」的先世，而且又處在一個極端重視門第出身的世代裏。因此他在心理上常有極爲矛盾的表現：一方面嚮往、羨慕、妒嫉、痛恨當代貴族所擁有的優越地位，另外一方面對那些不屬於士族這個階層的人，有時又會在不知不覺之中流露出他那種潛在的優越感來。這我們可以從他的作品中很明顯的看出他這種心態來。譬如他在詠史詩中說：

「鬱鬱澗底松，離離山上苗。以彼徑寸莖，蔭此百尺條。世冑躡高位，英俊沉下僚。地勢使之然，由來非一朝。」——詠史第一首。

「濟濟京城內，赫赫王侯居。……寂寂揚子宅，門無卿相輿。」——詠史第四首

「峨峨高門內，藹藹皆王侯。自非攀龍客，何為欻來遊。」——詠史第五首

在這些作品中所流露的都是他嚮往、羨慕、妬嫉、痛恨當代貴族壟斷政治社會地位的心理表現。此外如詠史第六首云：

「荊軻飲燕市，酒酣氣益震。哀歌和漸離，謂若旁無人。雖無壯士節，與世亦殊倫。……貴者雖自貴，視之若埃塵。賤者雖自賤，重之若千鈞。」——詠史第六首

在讚美荊軻「與世亦殊倫」的同時，又認為荊軻缺乏他自己所認為的「壯士節」。只要我們稍加思考，就可以體會得到：左思在作這首詩時，內心裏顯然有不把荊軻當作跟自己是同一階層的人（士的階層）來看待的這種潛在意識。而左思所有作品似乎都是由這兩種互相矛盾的心理所凝聚而成的。（關於這點，我們在下文時代背景及思想個性兩節中將有更為詳細之分析，茲不複贅。）而這兩種矛盾的心理，又顯然與其日趨沒落之家世有關。因此晉書文苑傳對左思先世所作的這兩段記載，辭句雖極簡略，但與左思一生之事業、生活、作品卻有極為密切的關係，實不容吾人稍有忽略。

二、家 庭

據一九三〇年在洛陽出土的左芬墓誌一文，〔註三〕對左思家中之成員有極為詳細之記載，茲引錄如下：

「左芬，字蘭芝，齊國臨淄人，晉武帝貴人也，……父熹，字彥雍，太原相弋陽太守。兄思，字泰沖。兄子髦，字英髦。兄女芳，字惠芳。兄女媛，字紈素。兄子聰奇，奉貴人祭司，嫂翟氏。」

其中有事迹可考者二人，無事迹可考者七人（涵左思母），茲將有事迹可考者分別介紹如下：

1.父左雍，（註四）關於他的事迹，我們所知極爲有限。案世說新語文學篇注引左思別傳云：

「（父）雍，起於筆札，多所掌練。」

晉書文苑傳云：

「起小吏，以能擢爲殿中侍御史。」

書抄一百二引王隱晉書云：

「起卑吏，晉武帝以爲能，擢爲殿中侍御。」

可知他起家寒微，曾爲地方小吏，歷經「掌練」後，方始以才能擢爲殿中侍御史，至於他何時被擢爲侍御史，據上文所引王隱晉書以爲係在晉武帝時，惟據晉書文苑傳注引元和姓纂第九所云：「邱明之後，魏左雍爲侍御史。」於左雍姓名之上，特別標明一「魏」字，則其被擢爲侍御史一事。似又應發生在晉武帝未曾篡位之前。由於說法不一，而又無其他資料可資印證，故無法作一明確而肯定之論斷。此外尚有一事我們必須了解的是：殿中侍御史一職在晉朝官制中到底所司何事？品第多少？性質爲何？因爲這件事跟左思將來在政治上所遭遇到的許多挫折和困難有極爲密切的關係，我們也不能不在此略加推究。

案晉書職官志殿中侍御史條下云：

「魏蘭台遣二御史，居殿中，伺察非法，卽其始也。……又案魏晉官品令又有禁防御史第七品。孝武帝太元中有檢校御史吳琨，則此二職亦蘭台之職也。」

由此可知，就其所司之職務而言，殿中侍御史乃御史台派往殿中伺察朝臣非法的御史。就其品第而言，殿中侍御史與禁防御史既同爲御史，禁防御史爲第七品，則殿中侍御史亦當爲第七品。由此可見左思雖由小吏擢爲京官，但其地位却仍極卑微，以當時極端重視門第出身的官場而言，其卑微之地位，貧賤之出身，對左思宦途影響之鉅，自是不言可喻。

2妹左芬：字蘭芝，與左思爲同胞兄妹，早年喪母，兄妹二人相依爲命，故友愛彌篤。關於這點，左思在其所作悼離贈妹一詩中，有極爲眞切感人之描寫：

「惟我惟妹，實爲同生。早喪先妣，恩百常情……至情至念，惟父惟兄。悲其同生，泣下交頸。」

芬，少時好學，善於屬文，以才德著稱於世，武帝聞而納之，拜爲修儀。據晉書文苑傳及左貴嬪傳所作記載，均以爲左芬被召入宮，拜爲修儀，係在晉武帝泰始八年（卽西元二七二年），惟據太平御覽一百四十五引晉起居注所云：

「咸寧三年（卽西元二七七年）拜美人左嬪爲修儀。」

則以爲左芬拜爲修儀係在咸寧三年，與文苑傳及左貴嬪傳上所云泰始八年前後整整相差五年之久，那麼這兩種講法到底以何者較爲正確呢？據吾人考查的結果，當以晉書文苑傳及左貴嬪傳上所云較爲可信，何以見得呢？其原因有三：

(1)據晉書文苑傳上說：「（思）欲爲三都賦，會妹入宮，移居京師。」緊接著又說：「乃詣著作郎，……遂構思十年。」設若左芬「入宮拜爲修儀」，如晉起居注所云係在武帝咸寧三年，則依文苑傳構思十年之說法，三都賦之完成，當遲至武帝太康七年（西元二八六年）才對。惟據下文左思作品年代之推測一節所作之考證，三都賦之完成，最遲不得超過太康三年。因爲曾替三都賦作序的皇甫謐死於太康三年，如果說三都賦遲至太康七年方始完成，那麼死在太康三年的皇甫謐，又如何能來得及爲他卒後四年方始完成的三都賦作序呢？由此可見太平御覽所引晉起居注謂左芬「入宮拜爲修儀」在咸寧三年的說法，顯然是不足採信的。

(2)據晉書左貴嬪傳上所載，謂元楊皇后崩逝時，左芬曾獻誄致哀，其誄辭云：

「惟泰始十年七月景寅，晉元皇后楊氏崩。……嗟余鄙妾，銜恩特深。」

誄辭上說得極爲明白，元楊皇后是武帝泰始十年（西元二七四年）崩逝的，如果按晉起居注的說法：左芬拜爲修儀在咸寧三年（西元二七七年）的話，則泰始十年時左芬根本就還沒有進宮，又如何能爲元楊皇后作誄致哀呢？

(3)案太平御覽一百四十五引晉諸公贊云：

「舊制：貴嬪、夫人比三公，假金紫。淑媛、淑儀、修容、修儀、婕妤、容華、充華爲九嬪，比九卿，假銀青。」

就其品秩而言，貴嬪的職位，顯然高於修儀，而且在九嬪之中，根本就沒有「美人」這個職稱，但太平御覽所引晉起居注却說：「咸寧三年，拜美人左嬪爲修儀。」試想：貴嬪的職位既然高於修儀，那麼左芬怎麼可能先爲貴嬪，然後再拜修儀？這顯然也是自相矛盾、絕對不可能的事。

由於此事不僅與左思生平有關，且與三都賦、悼離贈妹寫作的時代也有極爲密切的關係，因此我們不得不在此多花一點時間把此事發生的年代作一明確的交代，作爲下文作品年代推測之依據。

左芬入宮之後不久，左思全家也隨卽於泰始八年遷往京師。〔註五〕且曾先後「求爲秘書郎」，丏序於皇甫謐，爲賈謐講解漢書，〔註六〕從這種種迹象推測起來，左思想要借其妹左芬的關係順利的登上仕途，以圖建功立業垂名於後世的這種心理和願望，可以說極爲明顯。但實際上，左思在宦途中却始終都在迍邅困躓鬱鬱不得志的情況下度過了他鬱悶而愁慘的一生，未曾擔任過任何要職，甚至是否曾經任過官職，我們都有無從考查之感。〔註七〕這個原因到底在什麼地方呢？一方面固然是由於他出身寒微，個性孤傲，不容易打入上層階級的圈子裏，而另外一方面則大約與左芬容貌有極爲密切的關係。案晉書左貴嬪傳云：

「後爲貴嬪，姿陋無寵，以才德見禮，體羸多患，常居薄室。帝每遊華林，回輦過之，言及文義，辭對清華，左右侍聽，無不稱美。」

可見左貴嬪入宮之後，雖以才德見禮，但却由於姿陋體羸的緣故，而不爲武帝所寵。而武帝在中國歷史上，一向即以淫侈好色著稱於世。譬如他在泰始九、十兩年之中，即曾兩度大選嬪妃，令良家女子數千人入宮俟選，母女相別，號哭宮中，聲聞內外。太康平吳之後，又納宮人數千，掖庭宮人竟多達萬人以上。且常乘羊車，任其所之，宮人競以竹葉插戶，塩汁灑地，以引羊車，冀獲寵於帝。其生活荒淫如此。而左貴嬪體旣羸弱，貌復寢陋，則其不爲好色君主如武帝者所寵，因爲意料中事。就上述這段記載看起來，左貴嬪除了偶爾爲武帝寫寫賦頌談談文義之外，平日與武帝接近之機會似乎亦極爲有限。那麼以她跟武帝這種極爲疏遠的關係，想要在深宮之中做左思之奧援，助其一臂之力，爲他在仕途中開創一條康莊的大道來，自然是一件極爲不可能之事。何況左芬個性也跟他哥哥一樣孤高貞勁、超然挺拔，不要說她力所不及，無能爲力，就算她有足夠的力量，能夠助其兄長一臂之力，但像這種扭扭揑揑侍恩求寵的事，恐怕她也未必肯說肯做吧。

至於左芬入宮以後生活如何，下場如位？由於資料不足，我們所知亦極爲有限。惟據李長之西晉大詩人左思及其妹左芬一文所作之推測，認爲：左芬一向親近楊后〔註八〕，而賈后之爲人又極爲陰狠忌刻，故楊后（武悼楊皇后）爲賈后殘害時，左芬亦必同時遇難。而斷定左芬卒年當在西元二九二年（卽惠帝元康二年）。惟案洛陽出土之左芬墓誌云：

「左芬，字蘭芝，齊國臨淄人，晉武帝貴人也。永康元年十八日薨，四月廿五日葬峻陽陵西徼道內。」

則顯然可見，左芬卒年當在永康元年（西元三〇〇年），而非元康二年，其去逝原因亦與賈后之亂毫無關係，不知李長之先生何以會有這種毫無根據的推測，眞是令人費解！

左芬工詩文，尤長於賦頌，爲魏晉南北朝間最重要的女作家之一。其作品有答兄思詩書，及雜賦頌數十篇並行於世，惟大抵均已亡佚不可考。隋書經籍志載有左貴嬪集四卷，已亡。唐志作一卷。今太平御覽一百四十五所存左貴嬪集尚有相風賦、孔雀賦、松柏賦、涪漚賦、芍藥賦、鬱金頌、蘭賦、神武賦、四言詩四首。賦性恬退，風格高標，與左思作品極爲類似，惟遒勁簡鍊之工夫有高下之分罷了。

三、交遊

左思由於出身寒微，稟性孤高，不擅交遊，曰「惟以閒居爲事。」因此有關左思交遊的情形，我們所知不多。以下僅就所知將平日與左思生活有直接關係者擇要敘述如后：

1.張載：字孟陽，安平人，性閑雅，工詩文，與弟協亢並稱爲三張。以文學受知於司隸校尉傅玄，起家著作郎，累遷爲弘農太守。長沙王乂請爲記室督，拜爲中書郎，後領著作。以時局方亂，絕意仕進，遂以疾篤爲辭，告歸田里。其與左思間之關係，大抵是建立在三都賦一文的寫作上，案：晉書張載傳云：

「父收，蜀郡太守。……太康初，（載）至蜀省父，道經劍閣，……因著銘以作誡。」

又晉書左思本傳云：

「復欲賦三都，會妹芬入宮，移家京師，乃詣著作郎張載，訪岷邛之事。」

由於張載曾經到過蜀地省父，而且又作過執掌典籍的著作郎，對蜀地之山川景物風土人情有極爲深刻之認識和了解，故當左思欲作三都賦時，爲了研覈名實、體現他自己所標示的寫作原則，乃親往張載府上訪問岷邛之事，於是三都賦始克順利完成。由此可見，三都賦在創作和完成的過程中，必曾受到張載某種程度之影響和助力，殆爲無可置疑之事。至於其後兩人間到底維持著一種什麼樣的關係，由於文獻不足，我們無法確知。但從三都賦完成之後，張載仍不厭其煩的爲魏都賦作注揄揚一事看起來，則他們兩人之間仍能繼續維持一種親密而又好的關係，應該不是一件不合情理的推測吧！

2.皇甫謐：字士安，安定朝那人。幼貧困，感奮力學，遂博通典籍百家之言。沈靜寡欲，耽於典籍，高尚其志，屢召不仕，手不釋卷，日惟以著述爲務，聲名藉甚，頗爲時人所重。凡士林所爲文辭，只要一經品題，便卽身價百倍。左思於三都賦完成之後，自以所作「不謝班張」，（註九）但由於時望不隆，又乏有力人士爲之表彰揄揚，故始終不爲時人所重。爲了提高自己在文壇上的地位和聲望，於是乃接受了張華的勸告和建議，前往拜訪當時在文壇上極負盛名的西川名士皇甫謐。據說皇甫謐見了三都賦之後，極爲讚賞，乃慨然爲其作序。於是那些以前譏笑它、鄙視它的人，現在也都回過頭來，極力的讚美它、恭維它了。（註十）說它是如何的「精緻」「研覈」，如何的「瓌瑋」「典要」，（註十一）甚至把它跟張衡班固所作的「兩都」「二京」相提並論，眞可謂盛極一時，無以復加了。同時自動爲其作注作序的人，也如雨後春筍一般，愈來愈多，譬如：張載爲之作魏都賦注，吳逵爲之作吳蜀二都賦並序，衞權（註十二）爲之作略解序，……除此之外，當代文壇重鎭張華陸機等也都極力的爲其宣揚延譽，以爲「班張之流」「不能加也」，（註十三）於是自此以後，哄傳內外，「都邑豪貴」無不「競相傳寫、洛陽爲之紙貴」，（註十四）其所以能如此轟動的原因，歸根究底，恐不得不歸功於皇甫謐所作的那篇序吧？

3. 張華：字茂先，范陽方城人，學業優傳，器識宏廣，晉武受禪，拜爲黃門郎，與太傅共贊找吳之謀。吳滅之後，封爲廣武侯，遷尙書，又進爲侍中中書監，盡忠匡輔，再進爲壯武郡公。數年爲司空，領著作，趙王倫貪昧狂悖，信用孫秀，疾華如讎，欲廢賈后，乃矯詔收華，遂遇害，夷三族，時年六十九。張華性好人物，獎掖後進，不遺餘力。凡後進之士，有一芥之善者，莫不咨嗟稱詠，爲之延譽。一時文士如陸機、陸雲、顧榮、束晳、賀循、褚陶、陳壽、劉頌、閭纘、摯虞、……等，無一不是得其獎助誘掖之後，方始脫穎而出，駕乎群倫之上。而左思似乎也是在這種情況之下，得到張華的贊助和獎勵的。案世說新語文學篇云：

「左太沖三都賦初成，時人互有譏訾，思意不愜。後示張公（張華），張曰：『此二京可三，然君文未重於世，宜以經高名之士。』思乃求詢於皇甫謐，謐見之咨嗟，遂爲作叙。於是先相非貳者，莫不斂衽讚述焉。」

晉書文苑傳亦云：

「及賦成，……司空見而歎曰：『班張之流也。』使讀之者盡而有餘，久而更新。」不僅給他指導建議，而且也給他鼓勵和讚揚，最後甚且辟他爲祭酒。〔註十五〕可見張華對左思之愛護是如何的誠摯而懇切了。至於左思最後是否接受了他的辟舉，兩者間的交往又親密到何種程度，由於資料不足，也是我們所無法推斷的事情。

4.賈謐：字長淵，父韓壽，母賈午，原爲賈充外孫，充死無嗣，以謐承其後。好學，有才思。既爲充嗣，又値賈后專恣，乃負其驕寵，擅作威福，權勢過於人主。於是廣開文閤，大延賓客，一時豪貴浮競之徒，皆爭相附會於謐，號爲二十四友，而左思卽爲其中之一。至於左思與賈謐兩者間交往的情形如何，我們將在左思的思想與個性一節中做較爲詳細之說明，玆不複贅。

四、生卒年

左思生於何時？卒於何年，由於文獻不足，考訂極爲困難。因此在文學史上一直就是一個無法解決的問題。卽如吳榮光歷代名人年譜、梁延燦歷代名人生卒年，以及姜亮夫歷代名人年里碑傳總表……等專以考訂名人生卒年爲其職志之典籍也未曾把它考訂出來。而這種先天上的困難，直至今日，仍舊無法順利解決。因此，以下吾人對左思生卒年所作之考查，也只不過是就其現有資料作一概略性之推測而已，其正確性如何，則未敢必也。

1.生年：案左思悼離贈妹一詩云：

「惟我惟妹，實爲同生。」

又云：

「況我同生，載憂載榮。」

同一首詩中，曾兩度提到「同生」二字，可見兄妹二人必爲同母所生。又案世說新語文學篇注引左思別傳云：

「早年喪母，雍憐之，不甚教其書學。」

又悼離贈妹一詩亦云：

「早喪先妣，恩百常情。」

既云「早喪先母」，又云：「不甚教其書學。」可見左母去世時，兄妹二人年紀均極幼小。綜合上述兩項事實加以推測，我們可以獲得下面一個結論：兄妹二人均爲同母所生，而且年齡相差不大。因此只要我們能推知左芬的生年，那麼左思的生年，我們自然也就可以得其彷彿了。

案晉書左貴嬪傳：左芬入宮拜爲修儀在泰始八年，其時左芬年齡若干？左貴嬪傳中並未明言。但如果我們能將當時史傳所載有關女子婚嫁年齡早晚的資料作一番統計工夫的話，我們也許可以從中推知一個大概的數字來。案史傳所載兩晉南北朝時代，一般正常婦女結婚的年齡大抵是在十五、六歲之間。（註十六）這我們可以從下列所作的統計表裏獲得這項結論（僅限有晉一朝）：

姓名	婚齡	備註
文明王皇后	15	晉書本傳云：「既笄歸於文帝。」案鄭語：「既笄而孕。」注云：「女十五而笄。」可見文明王皇后與文帝成婚時，年爲十五。
武悼楊皇后	18	晉書武帝本紀云：「咸寧二年（西元二七六年）立皇后楊氏（卽武悼楊皇后）。」惠帝本紀云：「元康二年（西元二九二年）賈后弑皇太后（卽武悼楊皇后）于金墉城。」武悼楊皇后傳云：「絕膳而崩，時年三十四。」則武悼楊皇后立爲皇后時，當爲十八歲。
惠賈皇后	15	晉書本傳云：「始欲聘后妹午，午年十二，……短下未勝衣，更娶南風（卽賈后）時年十五。
成恭杜皇后	16	晉書本傳云：「咸康二年（西元三三五年）備禮拜爲皇后，……咸寧七年（西元三四〇年）三月皇后崩，年二十一。」可見成恭杜皇后成婚時，年爲十六。
穆章何皇后	19	晉書本傳：「升平元年（西元三五七年）奉册立爲皇后，元興三年（西

		元四〇四年），可知穆章何皇后成婚時，年爲十九。
孝武定王皇后	16	晉書本傳云：「寧康三年（西元三七五年）帝始納焉，……太元五年（西元三八〇年）崩，年二十一。」可知孝武定王皇后納爲皇后時年爲十六。
安僖王太后	13	晉書本傳云：「后以太元二十年（西元三九六年）納爲太妃，……義熙八年（西元四一二年）崩於徽音殿，時年二十九。」可知安僖王太后納爲太子妃時，年爲十三。
杜有道妻嚴氏	13	晉書列女傳：「杜有道妻嚴氏，年十三，適於杜氏。」
皮京妻龍氏	13	晉書列女傳：「皮京妻，年十三而適京。」
段豐妻慕容氏	14	晉書列女傳：「段豐妻慕容氏，年十四適於豐。」
平均婚齡	15.2	

其平均婚齡爲15.2歲。此外晉書武帝本紀亦云：

「泰始九年冬十月，辛巳，制女年十七，父母不嫁者，使長吏配之。」

在法令中明文規定：女子年過十七，尚未婚嫁者，地方長吏得依法爲其配婚。可見晉時風俗，女子婚嫁大抵皆在十七歲以前。那麼現在我們如果把左芬入宮拜爲修儀這一年（泰始八年）依統計所得數字定爲十五至十六歲之間，則泰始八年時左思年齡至少當在十五、六歲以上。又案下文作品年代之推測，詠史詩當作於泰始八年（西元二七二年，即左芬入宮拜爲修儀的一年）至太康元年（西元二八〇年）之間，而詠史第一首云：「弱冠弄柔翰，卓犖觀群書。」可見左思作此詩時，顯然已過弱冠（二十歲）之年。如果我們把這個結論跟前文所叙兄妹二人爲同母所生年齡相差不遠這個因素合併起來考慮的話，泰始八年時，左思年齡約爲二十歲左右這個結論，應該不會是距離事實太遠的一種推測吧？那麼由此上推二十年，爲魏嘉平五年（西元二五三年）大概就是左思約略的生年了。

2.卒年：左思卒於何年，史上並無明確之記載，惟晉書文苑傳對其晚年之遭遇却有極爲簡要之叙述：

「齊王冏辟爲記室督，辭疾不就，及張方縱暴都邑，擧家適冀州，數歲而終。」

可見左思係在張方縱暴京師數年之後去世的。又案晉書惠帝本紀云：

「太安二年八月癸巳，張方入京城，燒清陽開陽二城，死者萬計。永興元年春正月，張方大掠洛中，還長安，於是軍大餒，人相食，……八月，張方復入洛陽，廢皇后及皇太子覃。」

可知張方縱暴京師係在太安二年永興元年（卽西元三〇三至三〇四年）之間，而文苑傳所謂「數歲而終」一詞，如果是以我們平常所說的三、四年來計算的話，則左思卒年當在永嘉一、二年之間，亦即西元三〇七至三〇八年之間。

五、政治生涯

有關左思任官之記錄，見諸史籍而為吾人所知者，有下列四端：

(1)晉書文苑傳：「復欲賦三都，自以所見不博，求為秘書郎。」

(2)書林六十九引王隱晉書：「司徒隴西王泰辟為祭酒。」

(3)世說新語文學篇：「司空張華辟為祭酒，賈謐舉為秘書郎。」

(4)晉書文苑傳：「齊王冏辟為記事督〔註十七〕辭疾不就。」

如上列各端所載皆為事實，則其發生之年代可依其先後之秩序考定如下：(1)左思求為秘書郎一事當發生於太康三年（西元二八二年）以前。因為就晉書文苑傳敘事行文之順序而言，則此事當發生於三都賦寫作完成之前。案下文作品年代之推測一節，三都賦當作於太康三年之前，則左思求為秘書郎一事自亦當在太康三年以前。(2)司空〔註十八〕隴西王泰辟為祭酒，當在永熙元年（西元二九〇年）。因為案隴西王泰傳云：「永熙初，代石鑑為司空。」而永熙年號只有一年，則隴西王泰辟左思為祭酒一事當在此年。(3)司空張華辟為祭酒當在元康六年（西元二九六年）。因為據晉書惠帝本紀云：「元康六年春正月，司空下邳王晃薨，以中書監張華為司空。」張華辟左思為祭酒，係在張華為司空以後之事，則其事之發生自亦當在元康六年元月以後。(4)賈謐舉為秘書郎，當在元康八、九之間（西元二九八至二九九年），因爲書抄五十七引王隱晉書云：「（謐）元康末爲中書監。」案晉書職官志云：「秘書郎爲中書監屬官。」如果說賈謐曾推舉左思爲秘書郎的話，自然是在他擔任中書監以後，方有此機會。賈謐任中書監在元康末，而元康年號共有九年，則賈謐舉左思爲秘書郎，自然應該是在元康八、九年之間了。(5)齊王冏辟爲記室督，當在永寧元年至太安元年之間（西元三〇一至三〇二年）。因爲據晉書齊王冏列傳所載，齊王拜爲大司馬輔政，事在永寧元年，至次年太安元年時卽以驕恣跋扈爲長沙王乂所殺。如若齊王冏曾辟左思爲記事督的話，則自然也應該是在永寧元年至太安元年之間了。

以上史籍對左思在官場上活動情形所作之記載，不但內容極爲簡略，而且用詞也極爲含糊。譬如在晉書文苑傳上只說他因爲「所見不博，求爲秘書郎」，但却未明白的告訴我們這個秘書郎的職位他最後是否曾經求到？如果求到的話，任期多久？何時去職？政績如何？這些問題在本傳上均未有明確之交代。又譬如世說新語文學篇所引左思別傳上說：張華曾辟之爲祭酒，賈謐曾舉之爲秘書郎，但却沒有告訴我們他最後是否接受了他們的「辟」「舉」，同時在左思的一生中，曾有兩度被「辟」爲祭酒，兩度被「舉」爲秘書郎，同樣官職均前後重複「辟」「舉」兩度，這其間是否有記載不實傳抄譌誤的情形在內？由於這些資料記載過於簡略，用詞又含糊不清，因此使人對這些資料的眞實性和可靠性難免感到迷惑，甚至對左思是否曾在朝廷之中擔任過任何官職，都感到極大的懷疑。譬如近人章江先生在其所著之魏晉南北朝文學家一書中就曾如此推斷過：

「左思既『貌寢口訥』又『不好交遊』，故爲太康名詩人之中惟一沒有鑽入仕途的人物。他曾自求爲秘書郎，……從鍾嶸詩品稱他爲『晉記室左思』看起來，他自求爲秘書郎的願望，是未曾達到的。『記室』一職是齊王冏所辟舉，他並未應召受職，是以鍾嶸稱他爲晉記室是很勉強的。鍾氏的詩品凡被列入的詩人都冠以他們的職銜，左思無銜可冠，只有勉強稱之爲『晉記室』，果眞左思曾得秘書郎之職，鍾嶸就不會將『記室』之銜冠於左思。」

當然以鍾嶸詩品用左思未曾正式應召受職的「記室」頭銜來稱呼左思做爲證據，推斷左思一生根本就未曾擔任過任何官職，表面上看起來，似乎很有道理。但事實上只要我們冷靜的思考一下，這只不過是一種可能的推測而已，並沒有什麼直接而充分的證據。我們實在不能冒然的據此斷定左思在他的一生中，未曾擔任過任何官職。其他的官職（譬如張華隴西王泰所辟祭酒一職），由於缺乏直接而充分的證據，我們不敢任意猜測。但秘書郎一職我們却敢非常肯定的斷言：左思必然曾經擔任過，何以見得呢？因爲在晉書后妃傳上有這麼一段記載：

「泰始中，帝博選良家女，以充後宮。……召充選者，使后揀擇，……司徒李胤、鎭軍大將軍胡奮、廷尉諸葛沖、太僕臧權、侍中馮蓀、秘書郎左思及世族子女竝充三夫人九嬪之列。」

在入選嬪妃父兄姓氏上均冠有父兄所擔任過之官職，其中左思的官銜正爲秘書郎一職。果如章君所言，左思一生根本未曾擔任過任何官職的話，那麼在此晉書又如何能以秘書郎這個官銜加之於左思的身上呢？至於張華及隴西王所辟祭酒一職，除王隱晉書及世說新語外，其他典籍均未有相同之記載，確實與否，則不敢妄加臆斷耳。

至於左思在任職期間，生活政績方面有何表現？因文獻不足，無法多談。但是我們從左思作品中所流露出來的那股憤悶不平的怨氣看起來，則左思在其政治生涯中迍邅困躓坎坷不平的情形，自是可想而知。關於這一點，我們在時代背景一節中將有更爲詳細之分析，茲不贅述。

第二節　左思作品年代之推測

作品繫年爲研究作家作品的一個開始，因此我們在研究左思作品之前，對左思作品寫作之年代，自亦不能不做一番考查推究之工夫。案左思作品，包括詩文在內，吾人目前所能知見者有：文選所收三都賦三首、全晉詩所收詠史詩八首、招隱詩二首、雜詩一首、嬌女詩一首、悼離贈妹二首。此外尚有全晉文所收「齊都賦」「白髮賦」「七略」，（註十九）佚文三首、北堂書抄一百一十九所收詠史詩佚文四句一首，總計二十一省（包括佚文在內），數量雖不多，但由於資料太少，無法逐一考出其正確年代，故不敢妄稱爲作品繫年，只能稱爲作品年代之推測而已。以下謹案時代先後將上述作品寫作年代一一考證推論如下：

一、**齊都賦佚文一首**：作於泰始八年（西元二七二年）以前。

佚文共四十餘字，爲太平御覽所輯。案晉書文苑傳云：

「（思）造齊都賦，一年乃成，復欲賦三都，會妹芬入宮，移家京師。」顯然可見此賦當爲左芬入宮以前所作，案晉書左貴嬪傳：左芬入宮在泰始八年，則此賦自亦當爲泰始八年以前所作。

二、**悼離贈妹二首**：作於泰始十年（西元二七四年）

詩云：「女子有行，實遠父兄。……自我不見，於今二齡。」左芬（答兄）感離詩一首亦云：「自我去膝下，倏忽踰再期。」則此詩顯係左芬入宮二年後所作。左芬入宮在泰始八年，則此詩當爲泰始十年所作無疑。

三、**詠史詩八首**：作於泰始八年（西元二七二年）以後，太康元年（西元二八〇年）以前。

案詠史詩第四首云：「濟濟京城內，赫赫王侯居。冠蓋蔭四術，朱輪竟長衢。」第五首云：「列宅紫宮裡，飛宇若雲浮，峨峨高門內，藹藹皆王侯。」都是敘述到達京師以後，所見所聞的情景，可見這些詩都是在左思「移家京師」（註二十）以後所作。案：左思「移家京師」係在左芬入宮以後，左芬入宮在泰始八年（見前），則此詩當作於泰始八年以後無疑。又案詠史詩第一首云：「弱冠弄柔翰，卓犖觀群書。著論準過秦，作賦擬子虛。邊城苦鳴鏑，羽檄飛京都。雖非甲冑士，疇昔覽穰苴。長嘯激清風，志若無東吳。鉛刀貴一割，夢想騁長圖。左眄澄江湘，右盼定羌胡。功成不受爵，長揖歸田廬。」無論是從「長嘯激清風，志若無東吳。」或是從「左眄澄江湘，右盼定羌胡」「邊城苦鳴鏑，羽檄飛京都。」等那一句看起來，都可以充分的證明：這首詩係在太康元年以前所作的。因爲「左眄澄江湘，右盼定羌胡。」二句，前者所指的是東吳，後者所指的是涼州胡樹機能。「邊城苦鳴鏑，羽檄飛京都」二句所指的是咸寧五年樹機能叛變攻陷涼州一事。案晉書武帝紀：馬隆擊敗樹機能平定涼州胡，在咸寧五年十二月，王濬進軍石頭城孫吳滅亡在太康元年。由此可見，這首詩的確是在太康元年以前所完成的。綜上所論，詠史詩八首應該是在泰始八年以後太康元年以前這八年之間所作的。至於各首寫作年代各在何時，由於資料不足，無法一一加以考證。但近人程會昌在其所著左太沖詠史詩三論（註二十一）一文中，却以咸寧五年大擧伐吳時，武帝所下「伐吳詔」書中有這一段記載：

「吳賊失信，比犯王略，胡虜狡動，寇害邊垂，……今孫皓犯境，夷虜擾邊，此乃祖考之遺慮，聧身之大耻也。故繕甲修兵，大興戎政，內外勞心，上下協力，以南夷句吳，北威戎狄，然後得休牛放馬，與天下共饗無爲之福耳。」（註二十二）

做為論據，認為伐吳詔中的內容與詠史詩第一首所描寫的內容有許多符合的地方，因此便斷定這首詩一定是在「伐吳詔」下達後不久所作的。對程氏所作的這個推論，目前我們雖還無法找到確切的證據，肯定的指出他的錯誤。但光憑詩中的內容與伐吳詔中的內容相符這一點，便斷然把這首詩的寫作年代限於咸寧五年這個小範內，態度未免有點兒太過武斷。因此日人興膳宏所作左思與詠史詩一文把這首詩（詠史第一首）寫作的年代緩衝於吳國滅亡以前的二、三年之間，雖然也沒有確切的證據，但也許是比較合理的一種推測。至於另外七首，是否為同一時期所作，我們雖不敢十分確定。但是從詠史詩八首中所描寫的思想和感情前後有很大的差別這一點看起來，恐怕不是集中在同一個時期中所完成的，而是可能在第一首完成以後的數年之間陸續寫就的。

四、三都賦：起草於泰始六年（西元二七〇年）以後，泰始八年（西元二七二年）以前。完成於太康元年（西元二八〇年）以後，太康三年（西元二八二年）以前，寫作年代前後長達十年之久。

案魏都賦云：

「成都迄已傾覆，建鄴則亦顛沛，……覽麥秀與黍離，可作謠於吳會。」

成都為蜀國都會，建鄴乃吳國京城，所謂「傾覆」「顛沛」「麥秀」「黍離」，都是指傾覆滅亡之意。可見左思作三都賦時，吳蜀兩國均已覆亡。案蜀漢亡於魏陳留王景元四年（西元二六三年），東吳亡於太康元年（西元二八〇年），則賦當完成於太康元年之後，又案晉書文苑傳、世說新語云：思於三都賦完成之後，以不爲時人所重，乃求序於皇甫謐。而晉書皇甫謐傳謂：謐卒於太康三年（西元二八二年），則三都賦之完成，自不得晚於太康三年。綜上所論，三都賦之完成當不得早於太康元年，晚於太康三年，據晉書「復欲賦三都，會妹入宮，移家京師，……遂構思十年」的說法，上推十年，則左思起意作三都賦的年代當在泰始六年以後，泰始八年以前。

五、**嬌女詩**：約作於三都完成前後，亦卽作者三十歲至四十歲之間。

此詩寫作年代雖已無法詳考，但從詩中所描寫的內容看起來，應該是作者三十歲至四十歲之間所寫的一首詩。因爲從詩中所描繪的那兩個稚女種種天眞瀾漫活潑任性的擧止神態看起來，她們的年齡頂多不過十一、二歲。案左芬墓誌所載：左思有子女共四人：二男二女，二女（惠芳、紈素）居中，上有一兄曰英髦，下有一弟曰聰奇。如果我們按照魏晉人早婚的習慣，假設左思也是在十六、七歲時結婚，而作嬌女詩時，二女年已十一、二歲左右，且上有一兄，則左思作此詩時，年齡大約是三十歲至四十歲之間，想來應該不會距離事實大遠吧。

六、**白髮賦**：確切年代不詳，當作於嬌女詩之後招隱詩之前。白髮賦作於何時，已不可確考，惟賦中所叙，皆爲假託白髮與已相辯難以自我排遣自我調況之辭。以常識判斷起來，此賦當作於白髮初生之時，亦卽左思三、四十歲以後。又案賦云：

「星星白髮，生於鬢垂，雖非靑蠅，穢我光儀，策名觀國，以此見疵，……杳爾白髮，觀世之途，貴華賤枯，赫赫閶闔，藹藹王侯，弱冠來仕，童髫獻謀，……曩貴耆耋，今薄舊齒，皤皤榮期，皓首田里，雖有二毛，河淸難俟。」

充分顯示左思作此賦時，仕宦雖極爲不如意，但對功名事業之追求却仍然懷有極爲強烈之欲望。案左思絕意仕進，專意典籍，係在賈謐被誅之後，賈謐被誅在元康元年（西元三〇〇年），〔註二十三〕，則此賦當作於元康元年之前，故置於嬌女詩之後，招隱詩之前。

七、**招隱詩二首**：當作於永康元年以後。

案晉書本傳云：

「秘書監賈謐請講議書，謐誅，退居宜春里，專意典籍，齊王冏命爲記室，辭疾不就。」

文選善注引王隱晉書亦云：

「左思徙居洛陽東，著『經始東山廬』。」

本傳所說「退居宜春里」與王隱晉書所說「徙居洛陽東」應是同指一事。而「經始東山廬」詩即爲招隱詩中的第二首。賈謐被誅在永康元年，則招隱詩二首當係永康元年以後所作無疑，詩云：「非必絲與竹，山水有淸音。何事待嘯歌，灌木自悲吟。秋菊兼餱糧，幽蘭間重襟，躊躇足力煩，聊欲投吾簪。」以及「經始東山廬，果下自成榛，前有寒泉井，聊可瑩心神。」所寫的就是他當時的心情。

八、雜詩：

疑作於永寧元年至太安元年之間（西元三〇一至三〇二年之間）。

詩云：「高志局四海，塊然守空堂，壯齒不恒居，歲暮常慷慨。」顯然爲作者晚年時因感壯志成空而自傷年老所作的一首詩，無論從思想、內容、情感任何一方面看起來，都是跟他作招隱詩時候的心境非常相近。因此這首詩應該是在寫招隱詩的同時或前後所完成的一首詩。招隱詩作於永康元年以後，則此詩亦當作於永康元年前後。又案文選李善注云：

「賈充徵爲記室，不就，因感年老，故作此詩。」

此事本傳及其他各籍均未見記載，而賈充卒於太康三年（西元二八二年）（註二十四），左思年約三十左右，正當年富力壯之時，怎能說他：「因感年老，故作此詩」？因此這段記載，如果不是無中生有，就是李善爲文選作註時誤將本傳「齊王冏命爲記室辭疾不就」一事植於賈充身上所造成的一個誤會。假如這個推測不錯的話，則此詩當作於齊王冏執政用

事之時，亦即永寧元年至太安元年之間。〔註二十五〕

九、略佚文一首：作於何時已不可考，佚文共十二字。文選齊安陸王碑文注引，全晉文收。

〔註　一〕：晉書文苑傳。

〔註　二〕：惟此事僅見於晉書注引元和姓纂一書，而未見其他載籍有相同之記載，確實與否，尚有待稽考。

〔註　三〕：見中國文學報二十一冊興膳宏左思與詠史詩一文注文所引。

〔註．四〕：據左芬墓志云：「父熹，字彥雍。」說與晉書文苑傳有異，未知孰是。

〔註　五〕：晉書文苑傳。

〔註　六〕：晉書文苑傳。

〔註　七〕：見政治生涯一節。

〔註　八〕：左芬曾爲元楊皇后寫過「元楊皇后誄」，又曾爲武悼楊皇后寫過「武帝納皇后頌」。

〔註　九〕：晉書文苑傳。

〔註　十〕：世說新語文學篇云：「左太沖作三都賦初成，時人互有譏訾，思意不愜，後示張公（張華），張曰：「此二京可三，然君文未重於世，宜以經高名之士。」思乃詢求於皇甫謐，謐見之嗟嘆，遂爲作叙，於是先相非貳者，莫不斂衽讚述焉。」

〔註十一〕：晉書文苑傳。

〔註十二〕：晉書文苑傳作衞瓘。惟全晉文云：「衞瓘，乃權之誤，魏志衞臻傳注：權作左思吳都序及注序，又衞瓘乃衞覬子，河東安邑人，而云陳留衞瓘，是轉刻之誤無疑。」當據以改正，作衞權不誤。

〔註十三〕：晉書文苑傳。

〔註十四〕：晉書文苑傳。

〔註十五〕：世說新語文學篇注引左思別傳。

〔註十六〕：當然也有早到十一、二歲以至八、九歲者，如梁張纘年十一即尙高祖女富陽公主，魏穆紹年十一即尙琅邪長公主，齊文襄年十二即尙魏孝靜馮翊公主，神武爲武成聘柔然太子菴羅辰女時，年僅八歲，但這些都是比較特殊的例子，自不得視爲常態。

〔註十七〕：世說新語文學篇注引左思別傳作記室參軍。

〔註十八〕：書林作司徒，案晉書斠注當作司空。

〔註十九〕：案當從文心雕龍作七諷。

〔註二十〕：晉書文苑傳。

〔註二十一〕：國風月刊七〇期廿三頁。

〔註二十二〕：文館詞林卷六百二十二。

〔註二十三〕：晉書文苑傳、賈謐傳。

〔註二十四〕：晉書賈充傳。

〔註二十五〕：見政治生涯一節。

第二章　左思的時代背景

左思的一生，就其心理上的變化而言，我們大抵可以把它分成四個時期來看：第一個時期是「長嘯激清風，志若無東吳」（註一）的時期，也可以說是積極奮發充滿希望的時期；第二個時期是「馮公豈不偉，白首不見招」（註二）的時期，也可以說是充滿怨憤大聲疾呼的時期；第三個時期是「抱影守空廬，塊若枯池魚」（註三）的時期，也可以說是理想幻滅悄然引退的時期；第四個時期是「丘中有鳴琴，山水有清音」（註四）的時期，也可以說是寄身山水聊以自慰的時期。這四個時期心理上的起伏變化，跟他當時所處的時代背景都有極爲密切的關係。以下我們就按照他這四個時期的心理變化，來探討一下左思當時所處的時代背景。

就政治的局勢而言：左思約生於魏齊王芳嘉平五年（西元二五三年），卒於晉懷帝永嘉一、二年之間（西元三〇七至三〇八之間）（註五）。曹魏與司馬氏奪權之爭，此時已告塵埃落定。曹爽一死，魏氏政權已完全落入司馬氏之手。司馬懿卒，司馬師、司馬昭、司馬炎等先後秉政，廢齊王芳，弒高貴鄉公，卒於泰始元年篡魏自立，政權日益穩固，國勢日益強大。於是乃積極開始對外用兵，先後平蜀滅吳於景元四年（西元二六三年）太康元年（西元二八〇年），而結束了自東漢末年以來長期混亂割據的局面，而歸於短期的和平與統一。期間雖極爲短暫——自太康元年武帝平吳起至趙王倫篡位前後僅二十一、二年而已，但這却是自三國分立至隋朝統一這四百多年之間惟一出現的一次全國大統一的局面。人民的生活雖然還非常困苦，國家的經濟雖然還沒有完全走上正軌，就如晉書傅玄傳上所說的一樣：

「泰始開元，以暨於今，十有五年矣，而軍國未豐；百姓不贍，一歲不登，便有菜色。」

但一般說來，這個時期無論就政治、經濟、社會、民生等那一方面來說，都還勉強可以算是一個局面小康的時代，雖然繁榮不足，但是安定却是綽而有餘。案晉書輿服志云：

「晉武帝平吳之後，世屬昇平，物流倉府，宮闈增飾，服玩相輝。」

晉書摯虞傳云：

「吳寇新平，天下乂安，上太康頌以美晉德，其辭曰：『截彼江沔，荆舒以清，……洋洋四海，率禮和樂，……黎元時邕，三務斯協。」

晉書張華傳亦云：

「及吳滅，……出華爲持節都督幽州軍事，戎夏懷之。東夷、馬韓、新彌諸國，依山帶海，去州四千餘里，歷世未附二十餘國並遣使朝獻。於是遠夷賓服，四境無虞，頻歲豐稔，士馬強盛。」

寫的雖然只是局部的現象，但是由於政治的統一，社會的安定，而爲人民帶來較前更爲繁榮更爲和樂的生活這個事實，應該不會是憑空杜撰無中生有的溢美之辭。因此，當時無論士庶貴賤朝野上下對這樣一個新時代的來臨，無不充滿着希望和期待的心情，爲這個時代之出現而感到興奮雀躍，爲這個時代的來臨而發奮興起。尤其那些「志深軒冕」磨礪以待而思欲一展懷抱的文人學士，對這個四海澄平八方輻輳的偉大時代，內心更是充滿了美麗的憧憬和幻想，希望自己能夠把智慧和力量貢獻給國家社會，做一番偉大的事業，以滿足自己建功立業和獻身家國的願望和志向。因此一時文學之士，如三張、兩陸、二潘、一左、賈謐二十四友以及其他所有文士，無不齊集京師，而造成「文章中興、勃爾復興」〔註六〕之勢，其中最典型的例子，莫過於陸機陸雲昆仲二人聯袂入洛一事。案晉書陸機傳：機於吳亡之後，退居舊里，閉門勤學，經過十年的蟄居和苦讀之後，禁不住時代的誘惑和寂寞心情的煎熬，乃於太康末，與其弟陸雲同時入洛，求售自薦於太常張華，以博取時譽於先，又復依違周旋於權貴之門，以固寵持位於後。終至於遭讒遇害，而卒於軍旅。雖說是天性所在，但又何嘗不是由於對這個曇花一現的「太平盛世」充滿着美麗的憧憬和幻想，而思欲有所自効表現所造成的後果？而左思在泰始元年（西元二六五年）武帝篡位自立時，年約十三左右，泰始八年（西元二七二年）武帝平吳統一天下時，年約二十左右，正當青年有爲之際。因此那個時候他也像其他許多文人學士一樣，對這個短暫的太平時代，充滿了憧憬和興奮之情。他這種心情和意識，不僅流露在他所寫的詠史詩第一首：「長嘯激清風，志若無東吳，鉛刀貴一割，夢想騁良圖」這些詩句裡，而且充分的反映在他苦心經營構思十年方始完成的三都賦裡，只要我們仔細加以閱讀，便能體會得到當左思作這一篇賦時，其內心所潛藏的動機和意識：並不光是想利用細膩的手法典雅的辭藻把魏蜀吳三國首都富麗繁華的風土人情一樁樁一件件的描寫刻劃出來，而是想透過這篇辭藻華麗的賦的美化和潤飾，來歌頌讚美這個新王朝的統一和新時代的來臨。關於這一點，我們可以從魏都賦最後一段所作的結論中，窺知其端倪：

「日不雙麗，世不兩帝，天經地緯，理有大歸，安得齊給守其小辯哉！」

不僅承認新王朝正統化的地位，而且在篇中對魏都在經濟上之繁華富庶，以及政治上之修明昌盛，皆著意描寫，充分表現出他對這個新時代來臨的嚮往和期待之情，希望自己能夠在這個新的時代和王朝裡建立偉大的功名和事業。因此他豪氣干雲的向天下人宣告他的壯志和理想說：「長嘯激清風，志若無東吳。鉛刀貴一割，夢想騁良圖。左眄澄江湘；右盼定羌胡。」〔註七〕因爲詩中「長嘯激清風，志若無東吳」兩句最能代表他這個時候的意識狀態，因此我就以這兩句詩來稱呼他這個時期。

而這個時候，又正好碰到他妹妹左芬以善屬文而被武帝拜爲修儀，而且其後又被陞爲貴嬪，更使他對自己的前途充滿了希望和信心。就好像在一片茫茫的黑夜裡，突然現出一盞明亮的燈光一樣，令人興奮雀躍不已。從左芬被召入宮以後，他便匆匆忙忙把全家從臨淄老家遷往京師這一件事情看起來，我們就可以意會得到：他對左芬被徵入宮一事抱着多大的希望。同時我們從左芬入宮兩年之後，左思爲她所寫的「悼離贈妹」這兩首詩中，也可以看出他這個時候的心境：一方面充滿了久別之後的離情別緒，一方面對左芬這種幸運的遭遇，也不期而然地流露出他那種驚喜交集無可掩飾的興奮喜悅之情。案悼離贈妹云：

「峨峨令妹，應期挺生。如蘭之秀，如芝之榮。」

「光曜邦族，名馳時路。翼翼群媛，是瞻是慕。」

「積德彌高，用心彌奥。伊我之闇，晞妹之曜。」

字裡行間，豈不是非常技巧而強烈的流露出他內心的期望和掩飾不住的興奮和喜悅？只可惜由於：

一、這個統一和平的局面爲時太短，自武帝平吳（西元二八〇年）至趙王倫稱帝止（西元三〇一年），前後不過二十年左右。轉眼之間，又陷於一片危亡離亂之中。

二、左芬由於「姿陋無寵」，不爲武帝所重，雖然貴爲貴嬪，也無法榮及父兄。

三、當時左思所處的社會，是一個極端重視階級身分的門閥社會。出身寒微的士人，不僅在身分上，不能與世族相比，而且在政治上也大受世族的排斥和壓抑，而無法躋身要津之路。

因此，使得左思內心所懷抱的那股崇高的理想和抱負，在「世冑躡高位，英俊沉下僚」（註八）這種階級社會的壓抑下，根本就沒有實現的希望和可能。於是慢慢由熱切的希望和期待，一轉而為深心的怨憤和憎惡。最後甚至於咀咒反抗，其怨憤咀咒之情，就好像蓄積已久的山洪一樣，突然爆發開來，一發而不可收拾。其中影響最為深遠者，莫過於第三項門閥制度的壓抑這個因素。因為左思所有的作品幾乎都跟這個因素有密切的關係，因此我們要想深切的把握住左思寫作時的心理意識，對這個基本而影響深遠的因素，便不能不詳加推究，以明其眞象所在。這也正是我們所要探究的左思的第二個時期所以形成的原因所在。

就政治制度而言，西晉奪取政權之後，在選擧人才方面，仍舊沿襲了魏文帝為了應付「三方鼎立，士流播遷，四方錯雜，詳覈無所」（註九）之形勢而制訂的「九品中正」之制，使得自秦漢以來「選賢與能」「惟才是用」的官僚政治，又逐漸的被「上品無寒門，下品無勢族」的貴族政治所取代。

而九品中正制度官人的方法和步驟，案趙翼廿二史劄記所云為：

「魏文帝初定九品之法，郡邑設小中正，州設大中正，由小中正品第人才，以上大中正，大中正核實，以上司徒，司徒再核，然後送尚書選用。」

馬端臨文獻通考卷二十八所云為：

「州郡縣俱置大中正，各選本處人在諸府公卿及台省郎吏有德才者充之，區別所管人物，定爲九等，其有言行修著者，則升進之。……倘若道義虧缺，則降下之。」

如果純從理論上而言，以德行才學爲標準，採納鄉擧里選之民意，把人物分爲九等，然後案其九等品第之高低，分別授予官職之大小，按部就班，循序漸進，這未嘗不是一種良好的選擧方法。但問題却出在：擔任中正者未必即是「德充才盛」之人，而「諸府公卿」又皆爲著姓士族，因此那些身負掄才重任之選擧官，（如大小中正），大抵皆爲大姓士族所把持。案毛漢光先生兩晉南北朝士族政治之研究一書所作之統計：兩晉擔任選擧官之比率，士族占百分之七四點六，小姓占百分之十五點四，寒素占百分之十，可見當時參與選擧的七種官吏中，（中正官、司徒、司徒左長史、尚書令、吏部尚書、吏部郎、錄尚書事。）士族就占了四分之三弱，而且父子兄弟皆相繼爲本州之中正官，有如世襲，於是凡屬大族子弟皆爲「門地二品」，起家即拜六品、七品，且任官之後，「計資定品」〔註十〕「陵邁超越」〔註十一〕，只要壽命不短，人人都可「平流進取，坐致公卿」〔註十二〕。如此長期發展的結果，乃逐漸養成「以族擧德，以位命賢」〔註十三〕的政治習慣，這種情形在晉書段灼傳、劉毅傳、新唐書柳沖傳、馬端臨文獻通考中皆有詳細之記載和論述，茲將其要點摘錄如下，將更能幫助吾人了解其實際情況。案晉書段灼傳云：

「今臺閣選擧，徒塞耳目，九品訪人，惟問中正，故居上品者非公侯之子孫，則當塗之昆弟也。二者苟然，則蓬門華戶之後，安得不有陸沉者哉。」

劉毅傳云：

「今立中正，定九品，高下任意，榮辱在手，所欲與者獲虛以成譽，所欲下者，吹毛求疵，高下逐強弱，是非由愛憎，……或以貨賂自通，或以計協登進，附託者必達，守道者困悴，……是以上品無寒族，下品無勢族。」

新唐書柳沖傳：

「魏氏立九品，置中正，尊世胄，卑寒士，權歸右姓，其州大中正主簿、郡中正功曹，皆取著姓士族爲主，以定門胄，品藻人物。」

馬端臨文獻通考卷三十四云：

「自魏晉以來，始以中正爲取人之法。而九品所取大概多以世家爲主，所謂上品無寒門，下品無勢族，故自魏晉以來，仕者多世家，……其起自卑族匹士而顯貴者，蓋所罕見。」

世族不僅把持了政府所有公職之選舉，壟斷了寒素進取的途徑，造成了「上品無寒門，下品無勢族」之形勢。同時還利用其特殊的身分階級，以選舉制度、門第界限、經濟特權等各種優勢，來壓抑寒素，以保持他們在政治上既得的權益和地位。〔註十四〕譬如晉書王沈傳云：

「少有俊才，出於寒素，不能隨時浮沉，爲時豪所抑。」

又如晉郭奕傳云：

「咸寧初，遷雍州刺史，時亭長李含有俊才，而門寒，爲豪族所排。」

又如晉書張華傳云：

「聲譽益盛，有台輔之望焉。而荀勗自以爲大族，恃帝恩深，每伺間隙，欲出華外鎮。」

大多數有學識有才幹的寒素，多爲世族所壓抑和排斥，因此使世族與寒素在無形之間畫下一道深深的鴻溝，無法踰越，積年累月，遂養成一種社會習慣。在觀念上，一般人總以爲世族高人一等，而他們的門第地位也就日形穩固。因此出身寒微的士人，在這種嚴格的限制和壓抑下，想要突破自己的身分地位，在政治上騰達顯貴，出人頭地，實在不是一件容易的事。一般說起來，寒素仕進的機會與途徑，大概只有在世族不願意做或無法做的時候，才有踏入仕途的可能，否則只有像段灼所說的：「華門蓬戶之俊，安得有不陸沉者哉？」我們從下列毛漢光先生在兩晉南北朝士族政治之研究一書中所作的幾項統計數字中，就可以曉得小姓寒素在當時政治上所面臨的處境是多麼艱困，出路是多麼渺茫：

一、兩晉擔任選擧官比率，士族高達百分之七十四點六，小姓百分之十五點四，寒素僅得百分之十而已。（小姓寒素合佔不過百分之二十五點四）。

二、兩晉官吏官居五品以上者，共得七〇五人，而寒素官居五品以上者，不過一〇五人，就其所佔比率而言，僅及全部官吏的百分之十四點七而已，比率極低。而且這種情形，有愈至後來愈爲嚴重之趨勢，譬如就選擧官之比率而言，宋時小姓百分之五點五，寒素百分之一，合計不過百分之六點五，梁時小姓百分九點七，寒素百分之二點八，合計不過百分之十二點五。小姓寒素出仕的機會，已減到百分之十不到，其艱困渺茫之情形，自是可想而知。史家以「朝有世及之榮，下無寸進之路」這兩句話來形容九品中正這個制度所造成的弊害，眞可謂一針見血，允當之至。

案晉書文苑傳的記載，左思這一支，遠祖雖說是出自齊國公族，世皆以儒學相傳，但到他父親左雍這一代時，早已淪爲卑吏，其後雖「以才能擢爲殿中侍御史」，但卻始終未脫離卑吏之範圍。（約合九品中正之第七品）惟案左芬墓誌云：「父熹，（晉書作雍）字彥雍，太原相弋陽太守。」謂左雍曾任弋陽太守，晉制太守爲六品官，據此則左雍最後所任官職爲六品。但弋陽太守一職，除左芬墓誌外，晉書及其他資料均未見記載，其確實性如何自然是很值得我們懷疑。據推測很可能是左芬入宮爲武帝貴嬪，因此死後追贈爲弋陽太守。但不論左雍所擔任的最高官職，是七品的殿中侍御史，還是六品的弋陽太守，在當時都不能算是「上品」或「著姓」。而且在左芬入宮以後所自作的離思賦中，對自己的身世也有極爲坦白的描寫說：

「生蓬戶之側陋兮，不閑習於文符。……既愚陋而寡識兮，謬忝厠于紫廬。非草苗之所處兮，恆怵惕以憂懼。」

以「蓬戶」「草苗」自喻，則其身世之卑微自可想見。如果我們按照毛漢光生生兩晉南北朝士族政治之研究一書所訂的區分士族的標準：

1.累官三世官居五品以上之家族爲士族。

2.門寒身素，無世祚之資者爲寒素。

3.有世祚之資，而不及士族者，稱爲小姓，其情形可概括分爲下列三種：

甲、父祖皆爲六品或七品者，列爲小姓。

乙、父祖有一代爲五品以上者，列爲小姓。

丙、遠祖爲士族，但該族已趨衰微，間仕間歇者列爲小姓。

把左思的家世予以區分的話，則左思之家世，頂多只能符合上述第三項丙目的條件，勉強可以把它歸爲次於士族階級的小姓這一類，這還把是該項條文作相當寬容的解釋，才能勉強符合。因此就左思的身分階級來說，雖然比「門寒身素，無世祚之資」的寒素稍微要好一點，但就整個「尊世冑，卑寒士，權歸右姓」的門閥社會而言，小姓與寒素，就某一程度而言，同樣都是士族階級所壓抑和輕視的對象，其在社會中的資望，就世族階級的眼光看起來，只不過是五十步與百步之差而已，實無多大區別。以他這樣的身分和地位，面對着祇講門第階級而不問學識才能的士族社會。在「舉翮觸四隅，枳棘塞中塗」〔註十五〕到處受人排斥和輕視的境遇裡，其內心之哀傷和屈辱，自是可想而知。而這種哀傷和屈辱之感，有時候便非常強烈而直截的流露在他那沉鬱而悲壯的詩句裡，如詠史詩第八首云：

「習習籠中鳥，舉翮觸四隅。落落窮巷士，抱影守空廬。出門無通路，枳棘塞中塗，……外望無寸祿，內顧無斗儲。親戚還相蔑，朋友日夜疏。」

是多麼迫切而痛楚的道出自己由於貧賤而遭受親友蔑視的屈辱和哀傷。有時候則非常委婉曲折的把這種情感反映在他所着意歌詠的歷史人物的影像之中，譬如在詠史第四首中，把自己比作由於貧賤而孤寂一生的揚雄，在詠史第七首中，又把自己比作貧窮而未顯達時的主父偃、朱買臣、陳平和司馬相如這四個人。一再把自己認同作那些歷史上由於貧窮卑賤而被埋沒遺棄的人，而認爲自己竟不幸也跟他們一樣成爲這個不合理不公平的時代的犧牲品，內心感到無限的悲傷和委屈。

最不幸的是：他對這個短暫的和平的時代曾寄與很高的理想和抱負。同時對自己達成這個理想和抱負所必須具備的學識和才能，又充滿著極爲堅定的自信，認爲只要有機會，他一定能夠輕而易舉的實現自己的理想和抱負。詠史詩第一首云：

「弱冠弄柔翰，卓犖觀群書。著論準過秦，作賦擬子虛。……雖非甲冑士，疇昔覽穰苴。」

詠史第四首亦云：

「言論準宣尼，辭賦擬子虛，悠悠百世後，英名擅八區。」在短短的八首詠史之中，竟然有兩個地方以極度誇張的口氣和充滿自信的態度，來宣揚自己，標榜自我，認為自己具有像孔（子）賈（誼）一般的學識，揚（雄）馬（司馬相如）一般的文才。這不僅是他個人的自信和誇口，而且就實際的情形而言，他也的確是可以當之無愧的。因爲晉書本傳上說他「感激勤學，辭藻壯麗。」書抄引王隱晉書說他「少好學」，三都賦注引臧榮緒晉書說他「少博覽文史」，都一致認爲他是一個博覽群書的飽學之士。可惜他這分豐富的學識和才能，崇高的理想和抱負，在世族政治巨大陰影的籠罩下，根本就沒有施展運用出人頭地的機會，則其內心所感到的悲憤失望，自是可想而知。其詠史第二首云：

「鬱鬱澗底松，離離山上苗。以彼徑寸葉，蔭此百尺條。世胄躡高位，英俊沉下僚。地勢使之然，由來非一朝。金張藉舊業，七葉珥漢貂。馮公豈不偉，白首不見招。」

豪貴世族因爲擁有良好的地位和形勢，而高高在上的把持了所有的政治和選舉，壟斷了一切出仕的途徑和機會，就好像生長在高山頂上的草苗一樣，雖然是渺小脆弱，但是由於他生長在地勢較高的山頂上，因此便昂然的位居於高大貞勁的松樹之上，而把生長在澗底的松樹所應該獲得的陽光給遮住了，這是多麼使人感到悲憤不平的事情啊！在別人也許會認爲既然這現象已是「由來非一朝」，那麼我們除了默然的接受這個無可奈何的事實外，又有什麼其他的辦法呢？譬如晉書忠義傳上所說的：「易雄為州主簿，遷別駕，自以為不宜久處上綱，謝職還象。」宋書吳逵傳上所說的：「太守王韶之擢補功曹吏，逵以門寒，固辭不受。」就是最好的例子。但對當時滿懷壯志，自以為「著論準過秦，作賦擬子虛」，而想要「澄江湘」「定羌胡」的左思而言，又怎肯輕易的放棄自己的理想和希望，而自甘埋沒的向這個不合理的制度投降屈服？但這股龐大的時代潮流並不是渺小的個人力量所能抵擋推翻得了的。因此希望愈為殷切，意志愈為堅強，所遭受的打擊挫折，便愈為深鉅，所遭受的打擊挫折愈為深鉅，所感到的憤怒不平，便愈為強烈。

尤其是當他看到一般世族子弟放誕浮華空疏無能，而又僭妄陵人，絲毫不把小姓寒素放在眼裡時，內心更是感到無限的憤恨與輕視，譬如：

㈠當時世族皆尚玄虛，貴放誕，只知做官，不肯負責，「以理事者為俗吏」，〔註十六〕以「不親所司者為雅遠」〔註十七〕，因此，「朝經廢於上，職事隳於下」，〔註十八〕最後終至於神州陸沉，晉室南渡。但是他們還是照樣清談，照樣做官，不肯對才能卓越的寒微之士稍作讓步之舉。這是使左思感到怨憤輕視的第一點。

㈡世族生活奢侈，專圖享受，賄賂公行，不以為恥，國家危亡，民生凋弊，而一般大臣却仍聚歛如常，過著平居養望的日子，根本就不知道什麼叫國家社稷。左思詠史第四首云：

「濟濟京城內，赫赫王侯居。冠蓋蔭四術，朱輪竟長衢。朝集金張館，暮宿許史廬。南鄰擊鍾磬，北里吹笙竽。」

詠史第五首云：

「列宅紫宮裡，飛宇若雲浮。峨峨高門內，藹藹皆王侯。」

對當時豪貴世族高高在上、把持政治、攀龍附鳳、苟且鑽營、淫靡奢侈的各種形態所做的描寫，眞可說是歷歷如繪，如在眼前了。這是使左思感到怨憤輕視的第二點。

(三)「貴遊子弟，多無學術，至於諺云：『上車不落則著作，體中如何則秘書。』無不傳粉施朱，駕長簷車，跟高齒屐，坐碁子方褥，凴班絲隱囊，列器玩於左右，從容出入，望若神仙。明經求第，則顧人問答。三九公讌，則假手賦詩，……求諸身而不可得，施之世而無所用。孤獨戎馬之間，轉死溝壑之際，……誠駑才也。」（註十九）所寫雖屬梁世，然晉宋之際，又何嘗不然？這是使左思感到怨憤輕視的第三點。

(四)世族雖浮華放誕，空疏無能，但由於把持政治，壟斷仕途，自以爲賢，而根本不把小姓寒素放在眼裡。譬如武帝時石苞有佐命之功，位至大司馬，而王琛却以其門寒而輕之。（註二十）陶侃爲中興名臣，當其微時，朝士因其寒素，竟不肯與之同車。（註二十一）這是使左思感到最怨憤輕視的第四點。

因此，他在詠史詩第二首中，以「以彼徑寸莖，蔭此百尺條。世胄躡高位，英俊沉下僚」之句，唱出了他內心對門閥制度只重門第不重才學的憤恨和反抗。在詠史詩第六首中，以「高眄邈四海，豪右何足陳。貴者雖自貴，視之若埃塵。賤者雖自賤，重之若千鈞」之句，表達了他內心對豪右世族浮華放誕空疏無能的輕視與睥睨。因爲詠史第二首中「馮公豈不偉，白首不見招」這兩句正好可以代表他這個時期的心情。因此我們就以這兩句詩來稱呼他這個時期。

在這個時期中，他爲了想實現他建功立業獻身家國的理想和抱負，突破門閥社會對他所造成的限制和壓抑，他曾經做過各種努力和掙扎，來改善他當時所處的環境和地位。譬如：

一、在左芬入宮以後，他爲了作三都賦，曾以「所見不博」爲由，「求爲秘書郎」，想借此走入仕宦之途，以左芬入宮之後，左思卽匆匆忙忙「移家京師」這件事看起來，這種推測並非沒有可能。

二、三都賦完成之後，不爲時人所重，左思爲了想提高自己的社會地位，獲得時人的重視，於是乃求序於當時擁有重名之西川名士皇甫謐，雖說是恐怕「以人廢言」，但就某種意義而言，又何嘗不是爲了自己的政治前途設想？

三、據晉書賈謐傳所載：當賈謐權勢最爲炙熱之時，左思曾與陸機、潘岳、石崇、劉琨……等二十四人共同附會於賈謐，號爲二十四友。雖然我們無法確知：左思到底是在何種情形下，加入賈謐所組成的集團之中，而爲二十四友之一。但以一個「不好交遊，惟以閒居爲事」的人，竟然也不惜折腰降節的去事奉他素所鄙視的豪門貴族，可見他想由仕宦而達成建功立業的這種念頭，是多麼的強烈。

可惜他這些努力和掙扎，由於各種主觀客觀因素的影響，最後都一一歸於失敗了。當他領悟到自己的努力和奮鬥，終於無法征服殘酷不仁的現實，大聲的抗議和疾呼，也終歸於徒勞無功的時候，他便像一個洩了氣的皮球一樣，喪失了他原有的活潑的生氣，而深深的陷入絕望和厭倦的深淵之中。詠史詩第八首前半段所描寫所宣泄的正是他這個時候的心境：

「習習籠中鳥，舉翮觸四隅。落落窮巷士，抱影守空廬。出門無通路，枳棘塞中塗。計策棄不收，塊若池中魚。」

這個時候的他，就好像是「舉翮觸四隅」的「籠中鳥」，「抱影守空廬」的「窮巷士」，在絕望的處境中，喪失了一切理想和勇氣，往日「長嘯激清風，志若無東吳」的那種豪情壯志，如今早已消磨殆盡，不堪回首。悍然的掙扎反抗，也已時遇境遷，無補於事。如今他內心裡所感到的只是無盡的愁慘，彌天的絕望。所謂「枯池魚」「籠中鳥」，正是他這個時候心境最好的寫照。因爲詩中有「抱影守空廬，塊若枯池魚」這兩句，正好可以代表他這個時期的心境，因此我們就以這兩句詩來稱呼他這個時期。

爲了排解這種苦悶而絕望的心情，有時候不免強作幽默的對自己日趨衰老的身體和年紀，加以嘲弄和譏笑，譬如假託白髮與己辯難之辭，以自我排遣自我調況的白髮賦，就是最好的一個例子，文長不具引。

有時候則在歷史的回顧中來尋求慰藉，譬如詠史第二首所說的：

「地勢使之然，由來非一朝。……馮公豈不偉，白首不見招。」

詠史第七首所說的：

「主父宦不達……買臣困采樵……陳平無產業……長卿還成都……，當其未遇時，憂在塡溝壑，英雄有迍邅，由來自古昔。」

可見自古以來，因爲時運不濟而遭受挫折，被時代所犧牲所埋沒的，又何止是我左某一人，馮唐、主父偃、朱買臣、陳平、司馬相如等都是古時候的「英雄」，他們還不是跟我一樣遭受挫折失敗，甚至被時代所犧牲所埋沒？但時代如此，社會如此，個人的命運如此，我們除了認命之外，又能如何？

有時候則以榮華富貴最後都不免歸於空虛和無常來自我安慰，譬如詠史詩第八首後半段說：

「外望無寸祿，內顧無斗儲。親戚還相蔑，朋友日夜疏。蘇秦北遊說，李斯西上書。俛仰生榮華，咄嗟復彫枯。飮河期滿腹，貴足不願餘。巢林棲一枝，可爲達士模。」

蘇秦遊說諸侯，合縱抗秦，終佩六國相印，最後却在燕國遇刺身死。李斯輔佐秦王，併吞天下，累官至丞相，最後却爲趙高所陷，夷滅三族。咄嗟彫枯，榮華瞬息。如果榮華富貴最後的收場不過是空虛和無常，那麼現在我像「偃鼠」「鷦鷯」一樣過著「貴足不願餘」的生活，又何嘗不是一種不幸之中的大幸呢！

在這種情形下，他除了放棄自己騰達顯貴的願望而悄然引退之外，還有什麼更好的途徑呢？詠史詩第五首云：

「皓天舒白日，靈景耀神州。列宅紫宮裡，飛宇若雲浮。峨峨高門內，藹藹皆王侯。自非攀龍客，何爲欻來遊。被褐出閶闔，高步追許由。振衣千仞岡，濯足萬里流。」

既然自己不是「攀龍客」，而且又無法衝破王侯峨峨的高門，像別人一樣「列宅紫宮裡」，那麼爲何不讓我像許由一樣高蹈塵外，隱居在毫無虛僞不公的大自然之中，過著逍遙自在充實而完美的生活？而且這個時候，對左思政治前途具有決定性影響的三個人—賈謐、張華、左芬，均已先後於元康元年永康元年去逝。（註二十二）使左思在政治上惟一所存的希望都完全破滅消失了。而且此時天下已亂，政事紛紜，名士先後遇害者有張華、潘岳、石崇、歐陽建、陸機、陸雲等，風聲鶴唳，人人自危，此時不退，更待何時？故晉書本傳於其晚年生活有如下之記載：

「謐誅，退居宜春里，專意典籍。齊王冏命爲記室督，辭疾不就，及張方縱暴京師，舉家適冀州，數歲而終。」

到這個時候，他追求功名期望騰達的念頭才算完全消失，而歸於平息。雖然有時候還難免會爲門閥制度之壟斷和把持而感到憤怒，爲功名無成壯志蒿萊而感到憤懣，爲芳華已謝壯齒不再而感到遺憾。其雜詩云：

「高志局四海，塊然守空堂。壯齒不恒居，歲暮常慷慨。」

其撫今追昔鬱鬱不得申之情懷，依然是呼出欲出，隱然可見。但就一般的情形說起來，他晚年時期的生活和心境，是過得極爲恬淡而寧靜的。這個時期的作品可以招隱詩二首、雜詩一首爲其代表。案招隱詩第一首云：

「杖策招隱士，荒塗橫古今。巖穴無結構，丘中有鳴琴。白雲停陰岡，丹葩曜陽林。石泉漱瓊瑤，纖鱗或浮沉。非必絲與竹，山水有清音。何事待嘯歌，灌木自悲吟。秋菊兼餱糧，幽蘭間重襟，躊躇足力煩，聊欲投吾簪。」

在景色優美的山水中，過著與世無爭的生活，該是多麼的充實完美而逍遙自在啊！何必爲了追求那些虛無縹渺空幻無常的身外之物，而使自己感到煩勞苦悶，痛苦不已？這個時候，他盡量告訴自己不要去想那些無法實現的理想和抱負，令人憤恨不已咬牙切齒的門閥社會，以及那些往日使他魂縈夢牽的功名事業。好好的把自己的身心寄托在這個優美而充實的山水之中，過着像隱士一般逍遙自在忘懷得失的生活。其招隱詩第二首云：

「結綬生纓牽，彈冠去埃塵。惠連非吾屈，首陽非吾仁，相與觀所尚，逍遙撰良辰。」正是他這個時候心情的寫照，因爲招隱詩第一首「丘中有鳴琴，山水有清音」二句正好符合他這個時候的心境，因此我們就以這兩句詩來稱呼他這個時期。

〔註　一〕：詠史詩第一首。
〔註　二〕：詠史詩第二首。
〔註　三〕：詠史詩第八首。
〔註　四〕：招隱詩第一首。
〔註　五〕：見本書第一章第一節左思的生平。
〔註　六〕：鍾嶸詩品序。
〔註　七〕：詠史詩第一首。
〔註　八〕：詠史詩第二首。
〔註　九〕：通典歷代選舉制。
〔註　十〕：通典卷十四。
〔註十一〕：干寶晉紀總論。
〔註十二〕：南齊書王儉傳論。
〔註十三〕：毛漢光兩晉南北朝士族政治之研究前言。

〔註十五〕：詠史詩第七首。
〔註十六〕：晉書熊遠傳。
〔註十七〕：晉書裴頠傳。
〔註十八〕：梁書何敬容傳論。
〔註十九〕：顏氏家訓勉學篇。
〔註二十〕：晉書石苞傳。
〔註二十一〕：晉書陶侃傳。
〔註二十二〕：晉書惠帝紀、左芬墓誌。

第三章　左思的思想人格與個性

作品是作家內在心靈的反映和投射，因此要探討一個作家的作品，不僅要探討其客觀條件——作家的時代背景，而且還要探討其主觀條件——作家的內心世界。而作家內心世界之構成，當以思想、人格、個性三者爲其最主要之因素。因此吾人若欲探究一個作家的內心世界，自不能忽略這三個重要的因素。以下我們就分由這三方面來探討一下左思的內心世界。

第一節　思　想

左思的一生，就其心理上的變化而言，可分爲四個時期：第一個時期爲積極奮發的時期，第二個時期爲憤恨不平的時期，第三個時期爲理想幻滅的時期，第四個時期爲寄身山水的時期。但如就其思想上所受的影響而言，則可歸納爲二：一爲儒家思想。一爲道家思想。這兩種思想隨着年齡、環境和際遇的不同，而交互的出現在左思的作品和生活之中。現在我們就根據這兩條線索來探討一下左思的作品和生活在思想上所曾受到的影響。

魏晉南北朝時代雖然是儒學思想極爲衰微的一個時代，一般讀書人皆「不修經藝，而務交遊」。（註一）但是由於左思從小就生活在一個儒學思想極爲濃厚的家庭裡，（註二）而且又是春秋時代的大儒左丘明的後代。（註三）自幼卽受到極爲嚴格而正統的儒學思想的薰陶和涵養，自是理所當然之事。因此，左思的一生「由積極而怨憤，由怨憤而消極，由消極而幻滅，由幻滅而隱退」的四個時期中，（註四）無論是那一個時期，對儒家那種想要建功立業揚名後世的心理和思想，都有極爲強烈的憧憬和嚮往。譬如詠史詩第一首云：

「弱冠弄柔翰，卓犖觀群書。著論準過秦，作賦擬子虛。邊城苦鳴鏑，羽檄飛京都。雖非甲冑士，疇昔覽穰苴。長嘯激清風，志若無東吳。鉛刀貴一割，夢想騁良圖。左眄澄江湘，右盼定羌胡。功成不受爵，長揖歸田廬。」

他以充滿自信的口吻和堅定的態度對我們說：「他有充分的學識、足夠的力量、豪壯的志氣來擔負任何國家需要他擔負的工作，完成任何國家需要他完成的事業。」這個時候，在他的腦海中日夜所夢想、所盼望的，就是希望自己也能夠像段干木和魯仲連一樣，施展自己的抱負，馳騁自己的才能，在「偃息」「談笑」之間，便建立了人人所嚮往所羨慕的不世功業。（註五）這種積極進取強烈的希望自己能夠「揚名聲於後世，齊功德於往古」（註六）的觀念和精神，難道不正是儒家思想所追求的目標和理想嗎？又如詠史詩第四首云：

「濟濟京城內，藹藹皆王侯。冠蓋蔭四術，朱輪竟長衢。朝集金張館，暮宿許史廬。南隣擊鐘磬，北里吹笙竽。寂寂揚子宅，門無卿相輿。寥寥空宇中，所講在玄虛。言論準宣尼，辭賦擬相如。悠悠百世後，英名擅八區。」

由於自己出身寒微，而且又不擅逢迎，雖有卓越過人的學識和才能，但却始終得不到一個可以施展抱負、馳騁良才的機會，而無法實現自己建功立業的雄心壯志。因此只好退而求其次，希望能夠像漢代的儒者揚雄一樣，在孤獨寂寞卑微窮賤的境遇中，默默的從事講論著述的事業，雖然不能「齊功德於往古」，但至少也可以達到「揚名聲於後世」的境地。他這種「達則立功，極則立言」〔註七〕的處世態度，難道不正是自孔孟以來歷代儒者一向用以自期自勉的人生態度嗎？

他這種想要建功立業揚名後世的志向和心願，一直都非常強烈的貫串著他的一生，卽使在他最頹喪最不得志的時候，他也沒有改變這種志尚和心願。譬如詠史詩第五首云：

「皓天舒白日，靈景耀神州。列宅紫宮裡，飛宇若雲浮。峨峨高門內，藹藹皆王侯。自非攀龍客，何爲欻來遊。被褐出門闔，高步追許由。振衣千仭岡，濯足萬里流。」

最後四句是說：自己願意追隨在許由的後面，潛身在逍遙自在充實美好的大自然之中。「振衣千仭岡，濯足萬里流」二句，大有使人擺脫一切與天地爲一的感覺。但只要我們再看一看前面六句，我們就可以體會得到，他的內心仍然充滿著志向未能達成的怨憤和不甘。只不過因爲「高門峨峨」，無由攀緣，因此不得已只好「被褐出閶闔，高步追許由」罷了。

甚至於一直到他晚年「逍遙良辰，遁迹山水」的時候，這個念頭還是非常頑強地潛藏在他的內心裡，時時的流露在他的作品中。其雜詩一首云：

「秋風何冽冽，白露爲朝霜。柔條且夕勁，綠葉日夜黃。明月出雲涯，皦皦流素光。披軒臨前庭，嗷嗷晨雁翔。高志局四海，塊然守空堂。壯齒不恆居，歲暮常慷慨。」

前八句寫的是歲暮情景，旨在襯托其晚年心境。後四句抒情，壯志未酬，而年華已逝，其惋惜慨歎之情豈不躍然於紙上？

由上所述，我們可以很明顯的看出來，左思的一生，無論思想或意識方面，均曾深受儒家「揚名聲於後世齊功德於往古」這種思想的支配和影響，難怪直到晚年時，仍以壯志未酬年華已逝而深感惋惜痛恨。但是如果我們從另外一個角度來看的話，左思在生活作品方面所受的影響，絕不止於儒家一種思想而已。因爲我們知道魏晉南北朝時代就整個思想界發展的情勢而言，是儒學衰微道學盛行的時代。一般士大夫，無不精研老莊，崇尚清談，遊心玄虛，紛言拱默，整個思想界都沈溺在老莊思想的洪流之中。因此生活在這個時代裡的作家，無不或多或少的受到這般思潮的激盪和影響，而在他們的生活與作品之中，流露出道家「隱」的這種意識。譬如：阮籍、嵇康、向秀、謝鯤、張華、陸機、陸雲、潘岳、張載、張協、何劭、謝靈運、陶淵明、鮑照、謝朓、江淹、沈約……等，不管是眞心還是假意，在他們的作品中，總是不期而然的流露出道家那種以「隱」爲出發點的思想和意識。左思既然也跟這些作家一樣生長在同一個時代裡，自然也就難免受到這種思潮的刺激和影響。雖然晉書文苑傳上祇說他：「不好交遊，惟以閒居爲事。」並未明言他曾受道家思想的影響。但祇要我們仔細閱讀一下他所寫的作品,就可以發現他在生活意識上所受道家之影響，實際上並不亞於儒家。譬如詠史詩第一首云：

「弱冠弄柔翰，卓犖觀群書。著論準過秦，作賦擬子虛。邊城苦鳴鏑，羽檄飛京都。雖非甲冑士，疇昔覽穰苴。長嘯激清風，志若無東吳。鉛刀貴一割，夢想騁良圖。左眄澄江湘，右盼定羌胡。功成不受爵，長揖歸田廬。」

他以豪情萬丈的口氣敘說過自己「澄江湘」「定羌胡」的理想和壯志，接著馬上又以道家所讚美所稱道的人生最高理想「功成不受爵，長揖歸田廬」這兩句話，做爲全詩的一個結束。這不僅表示左思在思想上有道家的傾向，而且也充分的顯示左思在奮發有爲積極進取的時代，即已有「功成身退」的計畫和打算。雖然我們無法確知左思如果眞的有那麼一天能夠償其宿願，而騰達顯貴的話，是否會照著他原來的理想和計畫去實行，但至少我們可以確定一點：在他的下意識裡，的確是有過這種願望和志向。又如詠史詩第三首云：

「吾希段干木，偃息藩魏君。吾慕魯仲連，談笑却秦軍。當世貴不羈，遭難能解紛。功成不受賞，高節卓不群。臨組不肯緤，對珪寧肯分。連璽耀前庭，比之猶浮雲。」

這首詩借魯仲連、段干木這兩個人「退秦軍」「藩魏君」的故事，將道家「功成身退」以及「生而不有，爲而不恃」的人生最高理想發揮得更爲透澈淋漓。又如詩史詩第五首云：

「皓天舒白日，靈景耀神州。列宅紫宮裡，飛宇若雲浮。峨峨高門內，藹藹皆王侯。自非攀龍客，何爲欻來遊。被褐出閶闔，高步追許由。振衣千仞岡，濯足萬里流。」

因爲有「功成身退」的思想，因此當他在現實的生活中，一旦遭受到挫折失敗的時候，自然很快就會產生「隱」的意識，這首詩就是一個很好的證明，至於左思在理想幻滅以後所寫的詠史詩第八首云：「俛仰生榮華，咄嗟復彫枯。飲河期滿腹。貴足不願餘。巢林棲一枝，可爲達士模。」以及悄然引退以後所寫的招隱詩二首之一云：「躊躇足力煩，聊欲投吾簪。」不僅明白的道出自己退隱的志向，而且「飲河期滿腹，巢林棲一枝」兩個典故，也是直接取自莊子逍遙遊「鷦鷯巢林，不過一枝，偃鼠飲河，不過滿腹」這四句，只不過略加省節罷了。其受道家之影響，可以說至爲明顯。

同時我們再深入的分析一下左思生平所最仰慕的幾個歷史上的人物，我們就可以發現，在左思的思想中，的確含有儒道兩家的成分。因爲在左思的詠史詩中所經常提到的幾個特別仰慕的人物，譬如孔子、賈誼、揚雄、司馬相如、段干木、魯仲連、許由等人，我們大抵上可以把他們分爲兩派：一系爲儒家，孔子、賈誼、揚雄、司馬相如等屬之。其中，孔子爲儒學宗師，屬於儒家，自然是不成問題。至於賈誼、揚雄、司馬相如等皆爲漢代有名的儒者。在他們的作品中，雖亦偶爾可以發現摻雜一點法家（如賈誼）道家（如揚雄、司馬相如）的思想，但主要的還是以儒家的思想爲其主調，因此我們還是應該把他們歸入儒家這一系。另外一系爲道家，段干木、魯仲連、許由等屬之。許由爲上古高士，向爲學道者所推崇，屬於道家也應該是不成問題。至於段干木、魯仲連二人事迹分別載於皇甫謐高士傳及史記魯仲連傳中，今扼要摘錄如下：皇甫謐高士傳云云：

「守道不仕，魏文侯欲見，造其門，干木踰牆避之。文侯以客禮待之，過其閭而軾之。其僕曰：『君何軾？』曰：『段干木賢人也，不趨勢利，懷君子之道，隱處窮巷，聲馳千里，吾安得勿軾。干木先乎德，寡人先乎勢。干木富乎義，寡人富乎財。勢不如德貴，財不若義高。』又請爲相，不肯。後卑已固謝，見與語，文侯立，倦不敢息。秦嘗欲伐魏，或曰：『魏君賢人是禮，國人稱仁。上下和合，未可圖也。』文侯由此得名於諸侯。」

史記魯仲連傳云：

「好奇偉俶儻之劃策，而不肯仕官任職，好持高節，遊於趙。會秦圖趙，魏將欲令趙尊秦爲帝。……魏王使新垣衍令趙帝秦，……魯仲連見新垣衍曰：『彼秦者棄禮義而尙首功之國。權使其士，虜使其民，彼卽肆然而爲帝，過而爲政於天下，則連有蹈東海而死耳，吾不忍爲之民也。』……於是新衍垣起而再拜，謝曰：『始以先生爲庸人也，吾今日始知先生爲天下之士也。吾請出，不敢言帝秦。秦將聞之，爲却軍五十里。於是平原君欲封魯仲連，魯仲連辭讓。使者下，終不肯受。平原君乃置酒，酒酣，起前以千金爲魯仲連壽。魯仲連笑曰：『所謂貴乎天下之士者，爲人排難解紛而無取也；卽有取者，是商賈之事，而連不忍爲也。』遂辭平原君而去。」

可見兩人都是樂於爲人排難解紛而最後都能夠「功成身退」的「守道」之士，也是歷來道家所推崇仰慕的人物，因此我們也應該把他們歸入道家這一系。我們知道從一個人欽慕景仰的人物中，最能看他的理想和志向。在左思所仰慕的對象之中，旣同時兼有儒道兩家的人物。那麼，很顯然的，在他的思想中，自然也應該同時兼有儒道兩家的思想，只不過依其年齡、環境、遭遇之不同，而比率有輕重多寡之別罷了。

第二節　人格與個性

個性是作品形成的主要因素之一，要想探究一個作家的作品，就必得先探究一下這個作家的心靈。因此劉勰文心雕龍體性篇云：「八體屢遷，功以學成。才力居中，肇自血氣，氣以實志，志以定言，吐納英華，莫非情性。」所謂「血氣」「情性」，指的就是先天後天所形成的個性而言。左思的一生，一直都在平淡落寞鬱鬱不得志的情況中度過。這不僅與他後天所處的時代背景有關，而且跟他先天所稟賦的氣質本性也有極爲密切的關係。關於這一點，我們似乎隱隱約約的可以從他的傳記和目前所遺留下來的十數首作品中看出一點蛛絲馬跡來。只可惜這方面的資料太少，使我們在引證推論時不免略感窮蹙，而不能得心應手如響斯應耳。

案晉書賈謐傳云：

「賈后專恣，謐權過人主，……負其驕寵，奢侈踰度，室宇崇僭，器服珍麗，歌僮舞女，選極一時。開閣延賓，海內輻湊，貴遊豪戚，及浮競之徒，莫不盡禮事之，或者文章稱美謐，以方賈誼，渤海石崇、歐陽建、滎陽潘岳，……齊國左思，……皆傅會於謐，號曰二十四友。」

此外，晉書潘岳、劉琨傳也都說：「左思在賈謐權勢最盛的時候，曾與潘岳、陸機等同爲賈謐所延攬，而爲賈謐二十四友之一。」因此後世文評家對左思此舉不免有種種推測：有的認爲左思人格高潔，絕不至於做出「附麗乾沒」〔註八〕以求聞達的事情來。他之所以如此，只不過因爲他與賈謐同爲皇室外戚，故不得不虛與委蛇耳。主此說者，以清儒何義門爲代表，其讀書記云：

「大沖之於二十四友，特以身託戚族，難以自疏，然非有附麗乾沒，讀此〔註九〕可以知其志也。」

有的則認爲他熱衷功名，爲了想「立功名，取富貴」，因此附會賈謐，欲以遂其騰達顯貴之宿願，對其人格頗有貶損懷疑之意。主此說者，以近人程會昌爲代表，其左太沖詠史詩三論云：

「蓋太沖……頗思效前代外戚之立功名，取富貴，所懷不遂，因假古人以寓言。」

「案太沖功名之心，至老不衰，故其更附賈謐爲二十四友之一。」

兩種說法雖然都「持之有故，言之成理」，但都各有所偏，並未完全符合事實的眞象。只要我們讀過上文時代背景和思想這兩節所作的分析後，我們就可以曉得：左思在思想上受儒家思想之影響極深。他有崇高的理想和抱負，有足夠的學識和能力，更有豪邁的志氣和胸襟。因此，左思終其一生都在找尋一個足以讓他「馳騁良圖」「建功濟世」的機會和環境。他仰望妹妹左芬的援助；他傾心著作三都賦而求序於皇甫謐；最後甚至不惜接受賈謐的延攬，而爲其二十四友之一；都是基於這個理想和人生觀，並不完全是爲了「立功名，取富貴」。同時由於當時社會不僅過分重視門第階級，而且朝廷皇室對文人似乎也極爲不重視，故文心雕龍時序篇云：

「逮晉宣始基，景文克構，並跡沈儒雅，而務深方術。至武帝惟新，永平受命，而膠序篇章，弗簡皇慮，降及懷愍，綴旒而已。」

由宣景一直到懷愍，對「篇章」「儒雅」根本就不加重視。而圍繞在帝王左右的都是一些權貴人物，因此文人如果得不到這些權貴們的汲引推薦，根本就沒有登上仕途一展抱負的機會。因此文士遊於權貴之門，在當時已逐漸形成一種普遍的風氣。而賈謐所延攬的二十四友之中，也並非完全都是一些像潘岳、石崇那種「每侯其出」「望塵而拜」（註十一）的毫無骨氣的文人。我們絕不能因爲左思曾被延攬爲賈謐二十四友之一，便認爲他是一個趨鶩時利人格卑汚的小人。更何況我們從晉書本傳「秘書監賈謐請講漢書」這一句話看起來，他被賈謐延攬爲二十四友之一，爲時可能已經很晚。因爲案北堂書抄五十七所引之王隱晉書說：賈謐爲秘書監在元康末年，而元康年號共有九年，則謐爲秘書監當在八、九年左右（西元二九八至二九九年）。時左思約爲四十五、六歲左右。賈謐伏誅在永康元年（西元三〇〇年），可見他們交往的時間非常短暫，而且來往的關係似乎也很疏遠。除了本傳所載「秘書監賈謐請講漢書」一語外，在他的作品和傳記中並未留下其他任何痕迹。因此，當賈謐被誅時，左思並沒有像潘岳、石崇、歐陽建等人一樣被當作是賈謐的同黨而加以殺害。因此，從上面所敘述的事實看起來，左思雖有建功立業的強烈欲望，也曾列名於賈謐的二十四友之中。但我們從他平日的表現和作爲看起來，他似乎並不是一個爲了想獲取功名富貴，便輕易甘心出賣人格的人。案詠史詩第四首云：

「濟濟京城內，赫赫王侯居。冠蓋蔭四術，朱輪竟長衢。朝集金張館，暮宿許史廬。南隣擊鐘磬，北里吹笙竽。寂寂揚子宅，門無卿相輿。寥寥空宇中，所講在玄虛。言論準宣尼，辭賦擬相如。悠悠百世後，英名擅八區。」

金，是指金日磾，張，是指張湯（一指湯子安）。均爲漢武帝時之權臣。許，是指許皇后之父許廣漢。史，是指史良娣之侄史高，均爲漢宣帝時之外戚，一門數侯，寵貴無比。揚子，是指揚雄。漢末權臣王莽、董賢執政時，人皆奔走其門。惟揚雄清靜自守不事奔競，閉門著述。此處左思以揚雄自比，說大家都奔走權貴之門，日夕相聚，朝暮相處，好像非常得意的樣子。只有我一個人孤孤單單寂寂寞寞的，就好像那個以清靜自守的漢代儒者揚雄一樣，住在空虛寂寞的房子裡，專心從事於著述方面的工作。這不僅表明自己不善逢迎奔走，而且詩中所描述的，也正是他當時所處的實際情況。這一點足以證明他跟那些「王侯」「卿相」的關係的確是非常疏遠的，甚至我們可以說他根本還沒有打進他們的圈子裡。因此詠史詩第五首中曾經慨歎的說：

「峨峨高門內，藹藹皆王侯，自非攀龍客，何爲欻來遊？」

既然我不是屬於他們這一群，我爲什麼還要像群聚的蒼蠅一樣，一天到晚跟隨在他們的背後，看他們的顏色，仰他們的氣息呢？這不是很明顯的說明，他雖然很想實現自己的願望，但是如果要他像「朝集金張館，暮宿許史廬」那些趨炎附勢、惟利是視的人一樣，爲了求取功名富貴，便不顧一切的去逢迎諂事那些權貴人物，那他是絕對不幹的！此外，他在詠史詩第六首中，也曾以極度自尊矜持的態度和心理，把自己比作那個出身極爲微賤而又自視極高，對豪右貴族的權勢和地位完全不屑一顧的草澤英雄荆軻和高漸離說：

「荆軻飲燕市，酒酣氣益震。哀歌和漸離，謂若傍無人。雖無壯士節，與世亦殊倫。高眄邈四海，豪右何足陳？貴者雖自貴，視之若埃塵，賤者雖自賤，重之若千鈞。」

荆軻、高漸離雖然都是出身於草澤之中的「賤者」，生活在陋巷之中，爲貧所苦。但他却非常高傲自得旁若無人的保持了自我的尊嚴，而不屑於向豪貴勢族低首屈服。在這首詩裡，他非常強烈而明顯的表白了他個人做人的態度和原則：即使再窮再賤，也不願喪失其人性的尊嚴。雖然我們不否認他有強烈的想要建功立業揚名後世的這種願望和理想，但如果僅僅因爲他曾被賈謐延攬爲二十四友之一，就把他跟潘岳、石崇這班毫無廉耻毫無骨氣的文人相提並論，認爲他是一個投機取巧人格卑汚的小人，那就未免有點兒以偏概全而昧於事實了。因爲作品是人格和個性的反映，有什麼樣的人格和個性，便會有什麼樣的風格和作品。沈德濳古詩源評左太沖詩云：

「太沖胸次高曠，而筆力又復雄邁，陶冶漢魏，自製偉詞，故是一代作手，豈潘陸輩所能比埒？」

陳祚明采菽堂古詩選云：

「太沖一代偉人，胸次浩落，灑然流詠，……創成一體，垂式千秋，其雄在才，而其高在志。」

都一致認爲他的詩非常雄偉豪邁，然而試問他的詩何以能如此的雄偉豪邁呢，這豈不是由於他「胸次廣曠」志向高超的緣故嗎？

左思的一生，不僅對自己的才學有充分的信心，而且內心一直都有強烈的想要建功立業揚名後世的願望和抱負，但最後却蹭蹬一世，困頓以終，除了上文時代背景一節所敘述的客觀因素—門閥制度的壓抑—之外，另外還有兩個屬於他個人的主觀因素，似乎對他的影響也非常大。這兩個主觀的因素，不僅影響了他在政治上的前途，而且對他另外一種個性—孤高自傲，落落寡合的心理和態度的形成，也有絕大的影響力。據世說新語文學篇注引左思別傳上說：

「思之爲人，無吏幹而有文才，又頗以椒房自矜，故齊人不重也。」

同時晉書本傳上也說：

「不好交遊，惟以閑居爲事。」

在當時他所給人留下的印象是落落寡合，不好交遊，而且似乎還非常的矜持驕傲。因爲左思的妹妹，曾被徵入宮，拜爲修儀，後來且晉陞爲貴嬪。因此，以當時人的眼光看起來，他那種孤高自傲落落寡合的個性的形成，必然是由於他妹妹託身皇室攀上高枝的關係。因此便很自然的認爲他是以「椒房自矜」。但事實上，如果我們仔細的研究一下左思的一生，就可以瞭解他這種個性的形成，實際上是另有其他的緣故，並不是那麼單純的爲了託身皇室而以椒房自矜。案晉書本傳云：

「貌寢口納，而辭藻壯麗。」

世說新語容止篇亦云：

「潘岳妙有資容，好神情，少時挾彈出洛陽道，婦人遇者，莫不聯手共縈之。左太沖絕醜，亦復效岳遨遊，於是群嫗共亂唾之，委頓而返。」

從上面這兩段記載看起來，左思不但是一個容貌絕醜，而且也是一個口才極爲笨拙的人。我們從世說新語「群嫗共亂唾之，委頓而返」這兩句形容他容貌的話，就可以曉得「貌寢口訥」這兩種身體上的缺陷，對其內心所造成的創傷和打擊，是如何的深鉅而嚴重！而魏晉南北朝時代偏偏又是品評人物和清談風氣最爲盛行最爲講究的一個時代。因此，當社會在評價一個人的時候，不但要看他的容止儀表，而且還要看他的談吐口才。如果儀表出衆，談吐玄妙，就會無條件的受到人家的讚美和推崇，而且將來在政治上社會上也很可能因此而一帆風順稱心如意。如果容貌醜陋，談吐拙訥，無論才華如何超卓，學識如何淵博，照樣還是會遭受到群衆的睥睨和輕視，在未來的政治上社會上也很可能因此而困難重重到處荆棘。就像世說新語所記載的一樣，連下層社會尚且有此觀念，便何況是「貴玄虛，尚清談」的貴族社會呢？關於這一點，我們可以從世說新語和晉書中找到更多的例證，玆爲具體明瞭起見，特摘錄數則於下，以供參考：

「王夷甫容貌整麗，妙於玄談，恆捉向玉柄麈尾，與手都無分別。潘安仁夏侯湛並有美容，喜同行，時人謂之連璧。」——世說新語容止篇。

「裴令公有儁容儀，脫冠冕，麤服亂頭，皆好。時人以爲玉人，觀之者傾都。見之曰：『見裴叔則如玉山上行，光映照人。』」——世說新語容止篇。

「衞玠字叔寶，年五歲而風神秀逸，總角乘羊車入市，見者皆以爲玉人，觀之者傾都。驃騎將軍王濟，玠之舅，儁爽有風姿。每見玠，輒歎曰：『在珠玉之側，覺我形穢。』」——晉書衞玠傳。

「惠口訥，好學有才識，雖州辟不就，寓居蕭沛之間。」——晉書孫惠傳。

「羲之幼而口訥，故人未奇之，年十三，嘗謁周顗，顗察而異之。」——晉書王羲之傳。

左思出身既微賤，而又「貌寢口訥」，在這樣一個極端重視門第階級和談吐風儀的社會，我們可以想像得到他這種身體上無可彌補的兩項缺陷，必然曾經使他深深的陷在痛苦的深淵中，而飽受煎熬。在不斷的受到大衆冷漠的歧視和睥睨下，爲了保護自己的顏面和自尊，於是自然而然的便慢慢形成他那種孤僻而冷傲的性格，不願與他人交遊往來，而把自己深深的閉鎖在一個小小的天地中。因此造成一般人對他更大的誤會。以爲他是以「椒房自矜」，而對他更加的排斥和疏遠，使他在宦途上更為孤獨困躓，心理上更為高傲憤激。他的內心既因「貌寢口訥」這個身體上的缺陷而感到自卑。但在另外一方面，他那想要馳騁良圖施展懷抱的願望和志向，却又不斷的在驅策着他，要他在一個毫無指望的社會中去找尋一個嘗試的機會。在這種多重壓力的煎熬和壓迫之下，終於形成他那矛盾和悲劇的意識和生活，而在鬱鬱不得志的苦惱中，結束了他那悲苦的一生，而他的作品也就是在這種矛盾衝突的心情的煎熬和壓迫下凝聚融會而成的結晶。今人李辰冬先生曾經說過：

「理想愈高，實踐愈力，意志愈強，毅力愈大，則生活愈深入，意識必愈強烈，作品必愈生動有力。」〔註十二〕

當我們看過上面有關左思的思想、人格和個性的分析之後，我們就可以瞭解到左思作品之所以能夠生動有力感人肺腑的原因，完全是由於他「理想高、實踐力、意志強」而又無法實踐達成的緣故。日人廚川白村以「苦悶的象徵」來詮釋文學作品所以產生的原因，如果就這個觀察而言，左思的生活和作品，豈不是一個最好的例子和證明嗎？

〔註 一〕：晉書傳玄傳。

〔註 二〕：晉書文苑傳。

〔註 三〕：晉書文苑傳注引元和姓纂第九。

〔註　四〕：見上文左思的時代背景一節。

〔註　五〕：詠史詩第三首。

〔註　六〕：阮籍大人先生傳。

〔註　七〕：劉敞不朽論。

〔註　八〕：晉書潘岳傳。

〔註　九〕：案此指詠史第八首。

〔註　十〕：見上文時代背景一章。

〔註十一〕：晉書潘岳傳。

〔註十二〕：見李辰冬文學與生活第二輯十三頁。

第四章　左思詩的析論

左思的詩，就數量上而言，只有十五首，（其中尚包括北堂書抄所引詠史詩佚詩一首在內。其個別篇目，已於作品年代推測一節中詳予列舉，茲不贅述。）在太康幾個著名的詩人之中，可以算是作品極少的一個。案丁福保全漢三國晉南北朝詩所輯各家作品之數量，分別爲㈠張載十五首。㈡張協十三首。㈢陸機一〇四首。㈣陸雲三十三首。㈤潘岳十八首。㈥潘尼二十四首。除張載張協數量較少外，其他各家均較左思爲多。不僅詩作如此，就是其他方面的著述，情形亦復如此。譬如隋書經籍志所載各家著述分別爲：㈠陸機十四卷（梁四十七卷錄一卷）。㈡潘岳十卷。而左思却只有兩卷（梁有五卷，錄一卷。）在數量上也比潘陸二人少了許多。由此推測起來，除非眞屬巧合，或左思作品的確在時代洪流的沖刷下亡佚太多，否則我們便可據此斷定：左思並不是一個才思非常敏捷，作品非常豐富的作家，因此不論詩文在數量上均遠較其他同代詩人爲少，不像潘陸一樣「才如江海」（註一）「淋漓傾注」「刺刺不能自休」（註二），所以當劉勰文心雕龍神思篇談到文思遲速的時候，曾舉左思爲例說：

「左思鍊都於一紀，……亦思之緩也。」

才略篇談到文辭優劣的時候也說：

「左思奇才，業覃深思，盡銳於三都，拔萃於詠史。」

也許就是由於他太專注於從事三都賦的創作，把全部精神和心力都投注到這篇作品上，前後整整花了十年的工夫才把它全部完成，耗費了他大部份的時間和才力，致使他沒有太多的時間，去從事其他更多更有意義的創作，因此作品自然大量銳減。而當年他所「覃思盡銳」「構思十年」方始完成之三都賦，以現代文學的眼光看起來，只不過是在漢賦末流之中所激起的一個小小的浪花而已，在整個文學史上，並沒有什麼太大的價值和特殊的意義。這實在是一件令人深感惋惜的事情，否則以左思之「奇才」和筆力，應該可以給我們留下更多「雄偉豪邁」「慷慨悲壯」的詩篇，為我們國家民族留下更豐富更寶貴的文學遺產。

就其體式而言，左思的詩，我們大體可以把它分為兩類：一為四言，一為五言。四言僅悼離贈妹二首，而五言則有詠史八首、招隱二首、雜詩、嬌女詩各一首，詠史詩逸句一首等，共十五之首之多。雖然這個數目不見得就是左思所有詩歌作品的總數。但從上述兩類作品比數極為懸殊的情形看起來，左思有關詩歌方面的作品，似乎也跟其他許多同時代的詩人一樣，是以五言詩為其主要的表達形式。同時也可見四言詩在詩歌發展史上，至建安太康時代以後，已逐漸喪失其主要地位，而爲當時業已完全發展成熟之五言詩所取代。因此後世評論家在討論到這個時代的作品時，也大多是以各家的五言詩爲其主要對象。除非四言之作在內容感情上有其特殊的風格和成就。〔註三〕否則皆略而不論。左思的四言詩只有兩首，就其所有作品而言，不但沒有代表性，而且對後世作家也沒有什麼特殊的影響力。因此下文我們對左思所做之析論，主要的還是以他所寫的幾首五言詩爲主。茲爲便於論述起見，特將本章內容分由下列三節討論之。

第一節 內容

詩歌與其他作品一樣，除了要有明確的主題外，還必須要有眞實的內容和題材，透過作品所蘊涵之內容和題材，我們就可以更進一步的了解作者的內心世界。左思詩作完整者共有十四首，若就其所蘊涵之內容題材而言，我們大抵可以把它歸爲兩類：一爲描敍情親者，如悼離贈妹（二首）嬌女詩等三首屬之。一爲抒發懷抱者，如詠史（八首）雜詩（一首）招隱詩（二首）等十一首屬之。其中最具有代表性者爲詠史（含雜詩）招隱、嬌女等數首，以下我們就專以此數首爲主分別加以討論。

一、詠史詩

詠史詩既以詠史爲名，顧名思義，自與史實之吟詠有關，但是由於性質、風格、體裁、運思之不同，我們大抵可以把古代的詠史詩分作兩個不同的類別來加以討論：第一類是純粹以評論史事訓誨蒙童爲其主旨的詠史詩。譬如：周曇詠史、胡曾詠史、孫玄晏詠六朝史、北史、宋金朋詠史、王十朋詠史、徐鈞詠史等均屬之。這一類詠史詩起源極晚，大約是在晚唐五代的時候興起，宋元明之後大爲流行，其最初之用意是在於演述史事，評論是非，進呈御覽，供人採擇。關於這一點，胡曾在其所著詠史詩自序一文中有極爲明確之說明，他說：

「夫詩者，蓋美盛德之形容，刺衰政之荒怠，非徒尚綺麗瑰瑋而已。故言之無罪，讀之者足以自誡。觀乎漢魏之際，晉宋詩人佳句名篇雖則妙絕，而發言指要亦已疏□，齊代既失軌範，梁朝又加穿鑿，八病興而六義壞，聲律儁而風雅崩，良不能也。曾不揣庸陋，轉采前王得失，古今短長，詠成一百五十首，爲上中下三卷，便以首唱相次，不以年代爲先，雖則譏諷古人，實補當代，庶幾與大雅相近也。」

可見他創作詠史詩的動機，完全是著眼在「前王得失、古今短長」「譏諷古人、實補當代」這個非常現實和功利的意義上，而不是在內心中有何感興，非借史事加以抒發宣泄不可。但是由於這一類的詠史詩，詞意俚俗，流傳頗廣。而且又議論古今，褒貶是非，頗有「嘉善去惡」這種教育的意義和作用存在。於是流入民間之後，漸爲塾師所採，作爲督課蒙童進德修業之教材來使用。

這一類的詩歌，由於其目的在於「演述史實」「評論是非」「嘉善去惡」「教育子弟」，故作法、性質、風格、體裁均與普通一般詩歌不同。因此我們這裡所說的詠史詩，絕不是指這一類的作品而言。而左思所作之詠史詩八首，一直都被認爲是坎壈詠懷之作，自然更不會是屬於這一類的作品。第二類是以抒發感慨寄托興志爲主要宗旨的詠史詩，這一類的作品是詠史詩中的正統之作。起源於漢魏，其後代有作者，篇什極爲光粲。其作法風格雖各有不同，但其性質、目的，却是毫無二致，都是爲抒發感興，寄託心志。一般講起來，除了上述那一類純粹以評論史實訓誨蒙童爲主旨的作品之外，幾乎所有的詠史詩，在性質內容上我們都可以把它歸入詠懷詩的範圍內。因爲詠史不過是手段，抒懷才是它眞正的主旨所在。所以正如朱光潛先生在談李白詩三首一文中所說：「古人和古事可以引起詩人歌詠的，一定是詩人所同情的，體現了詩人的人生理想的。或是詩人所不同情的，詩人在譏諷之中也表現了他自己的人生態度。」因爲這類正統的詠史詩所要表達的不是史實人物的本身，而是隱藏在史實人物背後的人生理想和人生態度。因此引用史事以述志抒懷、思今懷古這一類的詠史詩，我們都可以把它歸入這一類的作品中。左思出生在一個只問門第不論才學的世族社會之中，有孔賈之才，濟世之志，（註四）但却由於門寒地微，進身無路，以致沈淪於下，困窘一生，故託懷詠史，寄其感慨，以表達其內心之怨憤和抗議，其所爲詠史詩較諸他人具有更爲強烈濃厚之詠懷意味，自是可想而知，故何義門讀書記云：

「左太沖詠史詩，題云詠史，其實乃詠懷也。八首一氣，揮酒激昂頓錯，眞是大手。」

沈德潛古詩源云：

「太沖詠史，不必專指一人，專詠一事，詠古人而已之性情俱見。」

又張玉穀古詩賞析亦云：

「太沖詠史，或先述己意，而以史事證之。或先述史事，而以己意斷之。或止述己意，而史事暗合。或止述史事，而己意默寫。」

所謂「己意斷之」「己意默寫」「詠古人而已之性情俱見」，都非常明顯的指出左思詠史的宗旨，不在「專指一人，專詠一事」，而是在運用各種技巧引述史實中的人物或故事來表達自己的情性和感慨。史實中的人物或故事在作品中所擔任的只不過是媒介、橋樑、附屬、襯托的角色而已，主要的還是在「情性」和感慨本身。就目前左思所遺留下來的八首詠史詩而言，〔註五〕其所引述的史實和人物雖然很多，但其內容情感却始終都指向一個相同的主題，那就是對現實政治和門閥社會的一種抗議和咀咒。以第一首爲其總序，先敍述自己的才學和壯志，然後再列舉史實，依次展開，以個人的思想和情感爲主題，以歷史中的人物故事爲媒介，讓自己走入過去的史實之中，與歷史中的人物和故事融爲一體，藉以抒發其壯志未伸之怨憤和鬱結。現在我們就按照其先後的次序將其餘七首的內容作一大概的介紹：案第二首云：

「鬱鬱澗底松，離離山上苗。以彼徑寸莖，蔭此百尺條。世胄躡高位，英俊沈下僚。地勢使之然，由來非一朝。金張藉舊業，七葉珥漢貂。馮公豈不偉，白首不見招。」

首先以松苗爲喻，揭出「上品無寒門，下品無勢族」之現象。然後再以「馮唐白首，屈身郎署」〈註六〉之故事爲例，敘述自己出身寒微無由騰達的內心之感憤與悲哀。在張玉穀古詩賞析所說的四種作法之中，是屬於「先述己意，而以史事證之」之例。又第三首云：

「吾希段干木，偃息藩魏君。吾慕魯仲連，談笑却秦軍。當世貴不羈，遭難能解紛。功成不受賞，高節卓不群。臨組不肯緤，對珪寧肯分，連璽耀前庭，比之猶浮雲。」

歌詠段干木魯仲連二人功在國家而又輕視祿位之高節，並說明自己嚮往羨慕之情，在張玉穀所說的四法之中，是屬於「止述己意而史事暗合」之例。又第四首云：

「濟濟京城內，赫赫王侯君。冠蓋蔭四術，朱輪竟長衢。朝集金張館，暮宿許史廬。南鄰擊鍾磬，北里吹笙竽。寂寂楊子宅，門無卿相輿。寥寥空宇中，所講在玄虛。言論準宣尼，辭賦擬相如，悠悠百世後，英名擅八區。」

以金張許史之煊赫華貴象徵當代之貴族，以揚雄之寒微寂寥譬喻自己的處境。寫金張許史，即是寫當代之豪門貴族。寫揚雄，即是寫他自己。在張玉穀四法之中，是屬於「止述史事而己意默寫」之例。又第五首云：

「皓天舒白日，靈景耀神州。列宅紫宮裡，飛宇若雲浮。峨峨高門內，藹藹皆王侯。自非攀龍客，何為欻來遊。被褐出閶闔，高步追許由，振衣千仞岡，濯足萬里流。」

直述已意，說明自己不是一個趨炎附勢的人。因此寧可效法許由遁耕於箕潁之濱，高蹈於塵世之外，而不願作一個「朝集金張館，暮宿許史廬」的攀龍之客。在張玉穀的四法之中，應屬於「先述已意而以史事證之」之例。又第六首云：

「荊軻飲燕市，酒酣氣益震。哀歌和漸離，謂若旁無人。雖無壯士節，與世亦殊倫。高眄邈四海，豪右何足陳。貴者雖自貴，視之若埃塵。賤者雖自賤，重之若千鈞。」

這首詩是借歌頌荊軻慷慨高歌睥睨四海之精神，寫出他對當日豪門貴族的輕視心理。在張氏四法之中，應屬「止述史事而已意默寫」之例。又第七首云：

「主父宦不達，骨肉還相薄。買臣困采樵，伉儷不安宅。陳平無產業，歸來翳負郭。長卿還成都，壁立何寥廓。四賢豈不偉，遺烈光篇籍。當其未遇時，憂在塡溝壑。英雄有迍邅，由來自古昔。何世無奇才，遺之在草澤。」

歷敘主父偃、朱買臣、陳平、司馬相如未遇時情景，以象徵自己當前之處境，說明英雄迍邅，自古皆有，只在人主未能識之用之而已。又第八首云：

「習習籠中鳥，舉翮觸四隅。落落窮巷士，抱影守空廬。出門無通路，枳棘塞中塗。計策棄不收，塊若池中魚。外望無寸祿，內顧無斗儲。親戚還相蔑，朋友日夜疏。蘇秦北遊說，李斯西上書。俛仰生榮華，咄嗟復彫枯。飲河期滿腹，貴足不願餘。巢林棲一枝，可爲達士模。」

引述蘇秦李斯之事迹，說明貧士之生活雖然困苦，但與其因爲貪慕富貴而招來殺身之鉅禍，還不如固窮守道，與世無爭，可以知足常樂，優遊以卒歲。於張氏四法之中，與前首同屬「先述史事而以己意斷之」之例。由此可見左思詠史諸作，主要的目的不在史事人物本身之歌詠。而是在借史實人物來表達自己對人生的某種看法和態度。這種以個人的情感和遭遇爲主題，借史實人物抒發其懷抱的手法，跟自漢魏以來純粹以歌詠史實人物爲其主要內容，而情感思想反深深隱藏在人物故事背後的詠史詩比較起來（如下列所述），其風格與技法，可以說截然不同。因爲其抒情的意味極爲濃厚，主觀的看法極爲強烈，而且造語俊偉，意氣慷慨，出入史實，不知何者爲史，何者爲我，在當代所有詠史詩之中，頗能絕類離倫，獨樹一幟，給古今之詠史詩樹立了一個良好的典範，而成爲此類作品中的上乘之作。因此在文學史上，只要一提到詠史詩，我們就會很自然的聯想到左思所作的詠史詩八首。因爲他雖然不是詠史詩這個體裁的開創者，但卻是使詠史詩這個體裁在文學史上具有更活潑之生命更重要之地位的一個作家。至於他這種形式的詠史詩是如何演變而成？與當代所流行之詠史詩有何不同之處？我們就必須對漢魏以來詠史詩這種體裁的來龍去脈做一個全盤性的探討與回顧，始能了解。

在文學史上，最早以詠史爲題的作品，當首推後漢詩人班固所作之詠史詩，其內容主要是在歌詠孝女緹縈救父的故事，其詞云：

「三王德彌薄，惟後用肉刑。太倉令有罪，就逮長安城。自恨身無子，困急獨煢煢。小女痛父言，死者不可生。上書詣闕下，思古歌雞鳴。憂心摧折裂，晨風揚激聲。聖漢孝文帝。惻然感至情，百男何憒憒？不如一緹縈。」

很顯然的，從這首詩的內容上來看，祇不過是將史記扁鵲倉公列傳及漢書刑法志上所載有關緹縈上書救父因而使朝廷廢除肉刑這一段故事，從頭到尾原原本本的把它改爲詩歌的體裁加以鋪述而已。但實際上，如果我們把這首詩拿來跟當時的歷史做一比較，再看看鍾嶸詩品對班固所作之評語云：「孟堅才流，而老于掌故，觀其詠史，有感歎之詞。」我們就可以發現：這首詩並不祇是單純的爲詠史而詠史，而是有感而發的。因爲我們大家都知道：漢法係直接繼承秦法而來，刑罰極爲酷烈，肉刑有鯨、劓、刑、腐等四種，文帝時因緹縈上書曾廢止於一時，然至景帝時，又恢復施行。而死刑則可分爲棄市、車裂、腰斬、梟首、族誅等數種，名目繁多，手法殘酷。據漢書刑法志之記載，族誅之執行，皆「先鯨劓，斬左右趾，笞殺之，梟其首，菹其骨肉於市。其誹謗詈詛者，又先斷舌。」其手段之殘暴無道，可謂達於極點。因此據我們揣測：班固很可能是有感於此，而想藉歌詠緹縈救父廢除肉刑一事，來諷諭感悟當時之君主和執政者。不過他這個動機和涵意却沒有很明顯的表露在詩歌的詞句上，而是深深的把它隱藏在故事和人物的背後。詩中雖然也有「百男何憒憒，不如一緹縈」這一類輕微的感歎之詞，〔註七〕但在表現的手法上，却祇是把緹縈救父這個故事當作主要的內容來加以客觀的描寫和歌頌而已。至於其詩中所隱含之諷刺意味，則祇有與史實做一聯帶想像時，始能充分的體會到。而左思所作的詠史詩却與此不同，他雖也引述史事，歌詠古人，但他却不「專指一人，專詠一事」，把作品主要的內容放在故事人物的描寫（如班固詠史所做的一樣）上，而是假借古人的事迹和影像強烈的暗示自己的情感，表露自己對人生的態度。因此就作品的內容而言，係以情感爲主，史實爲附，這跟班固詠史詩以史實爲主，情感爲附的寫法，可以說全然不同。

其後，直至建安時代，以詠史爲題之詩，我們在各家作品之中可以發現的還有三首，那就是曹植、王粲、阮瑀等三人各以相同之題目、題材所寫成的三良詩，茲爲便於參考論述起見，特將三人作品分別列擧如后：

「功名不可爲，忠義我所安。秦穆先下世，三臣皆自殘。生時等榮華，既沒同憂患。誰言捐軀易，殺身誠獨難。攬涕登君墓，臨穴仰天歎。長夜何冥冥，一往不復返。黃鳥爲悲鳴，哀哉傷肺肝。」——曹植三良詩

「自古無殉死，達人所共知。秦穆殺三良，惜哉空爾爲。結髮事明君，受恩良不訾。臨沒要之死，焉能不相隨。妻子當門泣，兄弟哭路垂。臨穴呼蒼天，涕下如綆縻。人生各有志，終不爲此移。固知埋身劇，心亦有所施。生爲百夫雄，死爲壯士規。黃鳥作悲詩，至今聲不虧。」——王粲三良詩。

「誤哉秦穆公，身沒從三良。忠臣不違命，隨軀就死亡。低頭闚壙戶，仰視日月光。誰謂此何處，恩義不可忘。路人爲流涕，黃鳥鳴高桑。」——阮瑀三良詩。

這三首詩似乎都是在同一個場所、時間、動機和心理狀態下所完成的作品，因此在意識方面有許多相同的地方，譬如曹作云：「功名不可爲，忠義我所安。」王作云：「受恩良不訾，……焉能不相隨。」阮作云：「忠臣不違命，隨軀就死亡。」三家作品似乎都在強調臣下殉死君主的當然之理以及無法逃避自我犧牲的命運的悲哀這個主題。故文選五臣注對王粲三良詩寫作的動機所作的評語是：「謂覽史書，詠其行事得失或自寄情焉。曹公好以己事誅殺賢良，粲故託三良自殉以諷之。」顯然說明本詩之創作，的確是有感而發，而非無的放失。但就其內容表達之方式與手法而言，却還是跟班固所作的詠史詩一樣，沒有什麼不同，完全是「就事論事」，把三良殉死的悲哀的史實作一客觀之描叙和詠寫，使人爲之惻然有感。其眞正之主題和用意，却未明確的表露在它的詞句之中。因此，跟左思的詠史八首雖同屬詠史詩，但在表達的手法上却有很大的區別。

但如果我們回過頭來考查一下這個時代另外一些引述局部史實以表達其對人生之看法和寄託其人生理想和態度的作品。我們就可以發現，其血脈源流與左思詠史八首實有極其密切而不可分之關係，譬如後漢末葉詩人酈炎所作之見志詩二首就是一個很好的例子：

「大道夷且長，窘路狹且促。脩翼無卑棲，遠趾不步局。舒吾凌霄羽，奮此千里足。超邁絕塵驅，倏忽誰能逐。賢愚豈常類，稟性在淸濁。富貴有人籍，貧賤無天錄。通塞苟由己，志士不相卜。陳平敖里社，韓信釣河曲。終居天下宰，食此萬鍾祿。德音流千載，功名重山嶽。」——其一。

「靈芝生河洲，動搖因洪波。蘭榮一河晚，嚴霜瘁其柯。哀哉二芳草，不植泰山河。文質道所貴，遭時用有嘉。絳灌臨衡宰，謂誼崇浮華。賢才抑不用，遠投荊南沙。抱玉乘龍驥，不逢樂與和，安得孔仲尼，爲世陳四科。」——其二。

在這兩首詩裡，第一首提到陳平、韓信，第二首提到絳（周勃）灌（灌嬰）、賈誼、孔子等人。但實際上這兩首詩的內容都不以歌詠他們的事迹爲其主要目的，而是在於表達作者對人生的某一種看法和嚮往。譬如第一首詩在引述到陳平韓信的事迹之前，有一段議論說：「富貴有人籍，貧賤無天祿，通塞苟由己，志士不相卜。」意思是說：一個人窮通貴賤的命運完全是掌握在自己的手裡，絕不可因一時之窮蹙困厄，遂喪失其奮發向上之雄心壯志，就好像陳平韓信一樣，在失意落拓的時候，還是能夠固持其志，因此最後終於能夠「德音流千載，功名重山嶽。」而陳平韓信的事迹，在此處不過是做爲支持他這種論點和人生觀所擧出來的兩個例證而已，而不是這首詩所要表達的直正主題。同樣的，在第二首中所提到的絳灌、賈誼、孔子等數人的事迹，也只是爲了表達「文質道所貴，遭時用有嘉」「賢才抑不用，遠報荆南沙」這個主題的情況下，所被引述的一些史實和人物而已。他這種表達的方式，跟張玉穀古詩賞析論左思作品時所說的「太沖詠史，或先述已意，而以史事證之。或先述史事，而以已意斷之。或止述已意，而史事暗合，或止述史事，而已意默寫」這幾種表達的方式比較起來，可以說如出一轍，毫無不同。但若與班固詠史、曹王三良這些純粹以詠寫史實爲其主要內容之詠史詩比較起來的話，則其所引用之史實人物在作品中所佔的地位，自有其輕重主從之不同，不可同日而語。

這些以表達人生理想和態度爲主題而以歷史中的人物和故事爲其例證的作品，到三國時，在數量上頗有急遽增加之勢，如陳思王曹植豫章行云：

「窮達難豫圖，福禍信亦然。虞舜不逢堯，耕耘處田中。太公未遭文，漁釣終渭川。不見魯孔丘，窮困陳蔡間。周公白下屋，天下稱其賢。」　其一。

「鴛鴦自朋親，不若比翼連。他人雖同盟，骨肉天性然。周公穆康叔，管蔡則流言。子臧讓千乘，季札稱其賢。」　其二。

魏文帝曹丕折揚柳第三節云：

「彭祖稱八百，悠悠安可原。老聃適西戎，于今竟不還。王喬假虛辭，赤松垂空言。」

以上三詩所提到的幾個歷史人物：如堯、舜、太公、文王、孔丘、周公、康叔、管叔、蔡叔、子臧、季札、彭祖、老聃、王喬、赤松等人，其地位顯然也與上述酈元見志詩所提到的那幾個歷史人物相同，都是爲了表達作者某些看法和感慨而被引用的一些例證而已。並非詩歌眞正的主題所在。至於各首之主題和寓意，則分別以極爲明顯的態度和語氣在作品之中披露出來。譬如上擧第一首：「窮達難豫圖，福禍信亦然」二句，第二首「他人雖同盟，骨肉天性然」二句，第三首「王喬假虛辭，赤松垂空言」二句，都是以極爲明顯的態度表達了他所要表達的主張和意見。此外，如魏武帝曹操所作薤露行、度關山、短歌行、善哉行，魏文帝曹丕所作之煌煌京洛行，以及陳思王曹植所作之薤露行、丹霞蔽日行、怨歌行、靈芝篇、精微篇等，就上面所說的那些觀點看起來，我們似乎都可以把它們列入這一類的作品之中，例繁不具引。

三國以後，由於朝代更易，一般詩人皆生活在暗潮洶湧政情複雜而矛盾的官場中，創痛愈深，感懷愈烈。因此這一類借古諷今以史抒懷的作品，較前更爲普偏，更爲繁多，譬如阮籍詠懷第六首所提到的邵平，十三首所提到的李斯和蘇秦，二十首所提到的楊朱和墨翟，三十二首所提到的齊景公與孔子，三十八首所提到的莊周，四十二首所提到的四皓與老聃，六十六首所提到的邵平，七十四首所提到的甯戚與楊朱。又如嵇康幽憤詩所提到的柳惠、孫登、周愼、甯戚、張儀，六言十首中所提到的堯、舜、原憲、東方朔以及老萊子之妻，答二郭三首中所提到的豫讓、聶政、莊周、楊朱，與阮德如一首中所提到的顏淵、隰朋、涓子、彭祖等，其例繁多，不容一一列舉。而這些作品無論從形式、內容、手法、風格以及以史實爲例證，以述志抒懷爲主調而帶有極爲濃厚之思辯色彩等種種特徵看起來，與左思詠史八首相較，除了詞旨晦明之程度略有差別之外，在其他方面似乎並無不同。而且康阮在年代上與左思又相差不遠，如果說左思詠史八首之作與康阮二人作品毫無淵源毫無關係的話，這是無論如何都無法使人信服的一件事。

二、招隱詩

招隱之作，最早見於楚辭淮南小山所作之招隱士一賦，其主要內容據招隱士序云：

「小山之徒，閔傷屈原，雖身沉沒，名德顯聞，與隱處山澤無異，故作招隱之賦，以彰其志也。」

又王逸注亦云：

「從此以上，陳山林傾危，草木茂盛，麋鹿所居，虎兕所聚，不宜育道德，養情性。」

都非常明白的指出這篇賦的主要內容在於：招隱士還都，以免在山林之中遭受各種患害之侵襲，這是「招隱」二字在文學作品中最早的涵意。到了東漢兩晉以後，由於受到政治社會以及其他各種因素之影響，隱逸之風，遂逐漸興盛，故後漢書逸民傳序云：

「或隱居以求其志，或迴避以全其道，或靜己以鎮其躁，或去危以圖其安，或垢俗以動其慨，或疵物以激其情。然觀其甘心畎畝之中，憔悴江海之上，豈必親魚鳥，樂林草哉？亦云性分所至而已。」

由於隱逸之風逐漸興盛，因此當代詩人，無論得意或失意，積極或消極，通達或微賤，熱衷或恬退，在他們的意識之中，大抵或多或少都存有一點隱逸的思想，甚至普遍的把它認爲是知識份子最高尙最理想一種行爲和志向，正如郝隆在世說新語中所說的「處則爲遠志，出則爲小草」這兩句話一樣，充分的道破了當代知識份子的心聲和看法。因此卽使像石崇潘岳那樣「豪奢富貴」（註八）「性趨勢利」（註九）的「浮競之徒」（註十），在其本集之中，竟然也會有「思歸引」「閒居賦」這一類的作品出現，而且連篇累牘的把「夸邁流俗」「篤好林藪」（註十一）「身齊逸民」「優遊養拙」（註十二）這些高調掛在口上。那麼其他作家之情形如何，我們自然也就可想而知了。關於這一點，我們可以從當代許多作家的作品中明顯的看出這種趨向和轉變來，譬如何劭贈張華：

「私願偕黃髮，逍遙綜琴書，舉爵茂陰下，攜手共躊躇，奚因遺形骸，忘筌在得魚。」

張華答何劭：

「散髮重陰下，抱杖臨清渠。屬耳聽鶯鳴，流目翫儵魚。從容養餘日，取樂於桑榆。」

張協雜詩云：

「高尙遺王侯，道積自成基。至人不嬰物，餘風可染時。養眞尙無僞，道勝貴陸沉。遊思竹素園，寄辭翰墨林。」

陸機招隱詩：

「明發心不夷，振衣聊躑躅。躑躅欲何之，幽人在浚谷。朝采南澗藻，夕息西山足。輕條象雲構，密葉成翠幄。激楚佇蘭林，回芳薄秀木。山溜何泠泠，飛泉漱鳴玉。哀音附靈波，頹響赴曾曲。至樂非有假，安事澆淳樸。富貴苟難圖，稅駕從所欲。」

對隱逸的行爲不再像淮南小山一樣「閔傷」反對，而是讚美嚮往。對隱士的態度，也不再是招之歸來，而是與之諧隱，這是「招隱」二字在內容涵意上一百八十度的大轉變。而左思的招隱詩二首，在這種風氣的籠罩和激盪之下，其內容涵意跟何劭、張華、張協、陸機等人的作品，自然也不會有太大的分別，都是對隱士淸高的生活所表示的一種羨慕嚮往之情，譬如其招隱詩第一首云：

「杖策招隱士，荒塗橫古今。巖穴無結構，丘中有鳴琴。白雲停陰岡，丹葩耀陽林。石泉漱瓊瑤，纖鱗或浮沉。非必絲與竹，山水有淸音。何事待嘯歌，灌木自悲吟。秋菊兼餱糧，幽蘭間重襟。躊躇足力煩，聊欲投吾簪。」

「杖策招隱士」二句所描寫的是招隱所經之地—荒涼偏僻，渺無人迹；「巖穴無結構」以下六句所描寫的是隱者所居之地—居處簡陋，但景物優美。「非必絲與竹」以下六句所描寫的是隱者清高而歡愉的生活—所食爲秋菊落英，所佩爲空谷幽蘭，所聞見爲山水淸音、灌木悲吟。最後兩句則以「世務勞促，足力煩殆」（註十三）爲辭，而欲從隱者而遊，作爲全詩之終結。由於內容、題材、思想、意識完全相同，故左思所作之招隱詩，與其他當代詩人所作之招隱詩，無論從內容、結構、章法、命意等那一方面看起來，都有極爲相似之處，故近人鄧仕樑先生所著兩晉詩論在討論到左思作品時，曾各舉左陸招隱詩一首兩相比較，以爲「左陸招隱，宗歸不異」，故彼此之間必有互相模仿師法之處。但左陸二人作品在事實上是否曾經互相師法，因爲時代渺遠，文獻不足，我們無法斷定。但從兩人交往不十分親密（註十四）又彼此互相輕視（註十五）這兩件事情看起來③他們的作品似乎又沒有互相師法的道理。但兩人所作的招隱詩，在章法命意上又如此相似，其原因到底又在什麼地方呢？我想其中最主要的一個，大概就是上文中所說過的：因爲魏晉以後招隱詩這個體裁大抵都是在內容、題材、思想、意識完全相同的情況下所產生的作品，其章法、命意、內容、結構相同者多相異者少，就情理上而言，毋寧是一種正常的現象，不必一定要互相師法模仿才會產生這種相同的結果。其次，又如其招隱詩第二首云：

「經始東山廬，果下自成榛。前有寒泉井，聊可瑩心神。峭蒨青葱間，竹柏得其眞。弱葉棲霜雪，飛榮流餘津。爵服無常玩，好惡有屈伸。結綬生纏牽，彈冠去埃塵。惠連非吾屈，首陽非吾仁。相與觀所尚，逍遙撰良辰。」

首二句是說努力的在東山經營一個廬舍，從此以後，可以安心的在這裡過著與世隔絕的幽居生活。「前有寒泉井」以下六句寫景，並以「寒泉」「竹柏」象徵其心境。「爵服無常玩」以下八句，引「惠連」屈身求仕、「夷齊」餓死首陽的典故，來說明自己既不為「惠連」亦不為「夷齊」之志向，為全篇主旨所在。關於這一段李辰冬先生在文學與生活第一輯中有極為周密詳切的解說，茲為明白起見，特摘錄引述如下：

「『爵服』就是官職，『常玩』就是常規，『爵服無常玩』，就是官職沒有常規，喜好厭惡視人之志趣而定，故言：『好惡有屈伸』。換言之，就是有機會建功的時候就建功，沒有機會就隱藏。『綬』就是組，結綬就是作官，作官要被羈纏，被牽絆，如果不作官呢，就可以得到清淨，等於去掉塵埃，所以說：『結綬生纏牽，彈冠去埃塵』。惠是柳下惠，連是少連。柳下惠為士師，三黜而不去，屈志辱身而求仕。少連事跡不可考。但論語把他跟柳下惠相提並論，可見他也是屈志求仕，所以左思說：『惠連非吾屈』。伯夷叔齊不仕異代，而餓死首陽山，故孔子讚美他說：「求仁而得仁，又何怨乎？」這是伯夷叔齊為人的方式，可是左思說：「首陽非吾仁」，那意思就是說：像首陽那樣的隱，也不是我所願意的。於是接著說：

『相與觀所尚，逍遙撰良辰。』『所尚』就是衷心所認爲高尚的。『撰』是選擇，這兩句詩的意思就是：等者機會吧！以逍遙的心情選擇時機吧！」

就內容上來看，這第二養招隱詩跟上面所說的第一首招隱詩，似乎有很大的區別，第一首招隱詩最後兩句說：「躊躇足力煩，聊欲投吾簪。」意思是說徘徊世途，足力煩殆，實在很想跟山林中的隱士一樣投簪歸隱，與「招隱」宗旨頗爲吻合。而第二首最後兩句却說：「相與觀所尚，逍遙撰良辰。」大有崇吾所尚俟機而動之意。與「招隱」宗旨全然不類。且與當代作家如張華、陸機、張載、閭丘閭所作招隱詩相較，亦頗有出入之處。故鄧仕樑兩晉詩論以爲：「招隱之篇，全屬虛寫，不宜起句即言：『經始東山廬』也。故宜從王隱之說，作『經始東山廬詩』，庶幾名實無乖焉。〔註十六〕」如果從上述這些觀點來看，他這個推論的確是很有見識很有道理，只可惜證據不足，無法完全推翻前人相沿已久之成說，故此處我們仍按前人舊說：把本詩稱之爲「招隱詩」，並與招隱詩第一首合併討論，實在是不得已的一種作法。

招隱詩主要的內容雖在表達對隱逸生活之嚮往和羨慕。但一般言之，隱逸生活大體上皆脫離不了山水景物這些場所，因此對山水景物的刻劃和描寫也就自然而然的成爲寫作招隱詩主要的內容之一了。故山水詩雖然不一定是起源於招隱詩，但在形成的過程之中，必然曾經受到招隱詩的影響，應是毋庸置疑的一件事。左思所作的招隱詩二首，除了對隱逸生活之自由清高表示羨慕嚮往之外，對山水景物之刻畫描寫亦極爲重視致力。譬如招隱第一首云：

「白雲停陰岡，丹葩耀陽林，石泉漱瓊瑤，纖鱗或浮沉，非必絲與竹，山水有清音。」

第二首云：

「前有寒泉井，聊可瑩心神。峭蒨青葱間，竹柏得其眞。」

從白雲寫到丹葩，丹葩寫到石泉，石泉寫到纖鱗，層次井然，一景一物都細細的加以描繪雕琢吟詠修飾，其濃物之精切，刻畫之細膩，用字之妥切、技巧之成熟，與窮幽極渺〔註十七〕專門以刻畫山水爲目的山水詩相較，可以說毫無遜色之處。故一般論者皆以爲左陸等人所作之招隱詩對後世山水詩之形成頗有推助影響之功。但在洪順隆先生所著的「山水詩起源與發展」一文中，却把山水詩的義界定爲：「正如王漁洋所說的，山水詩是『刻畫山水者』『窮幽探渺，抉山谷水泉之情狀的。』所以山水詩當是以描寫山水爲目的，詩人的意識是集中到山水上的，創作是以山水景物爲主題，且全詩醞釀的氣氛是純山水味道的。」而認爲遊仙詩、隱逸詩、玄言詩、田園詩、與山水詩不屬於「同一血統」，因此「我們勢必把它們從山水詩中除去國籍。」這種說法就表面看起來好像很有道理，因爲山水詩、遊仙詩、隱逸詩、玄言詩、田園詩等各種詩體，名目既殊，範疇義界亦各有不同，如果硬是說它們出於「同一血統」，那豈不是正像洪先生所說的是患了「錯把女婢當小姐的色盲病」？但事實上，一種詩體的形成，往往不是由單純的一種因素所造成的，而是由許多縱橫交錯的因素所累積締造而成。譬如山水詩的內容，固然是以刻畫景物描模山水爲其最終目的，但這種詩體如果沒有當時的時代背景、社會情況以及作家的生活方式意識形態作爲基礎，再加上以山水景物作爲素材或媒介的遊仙詩、隱逸詩、玄言詩等互相激盪影響的話，山水詩是否能夠如此迅速而順利的產生，實在是一個很大的疑問。洪著「山水詩起源與發展」一文，斷然的推翻了前人的各種說法，〔註十八〕而單純的認爲山水詩是從漢武帝秋風辭、金谷集詩、蘭亭集詩直到謝靈運等一脈相承所形成的一種詩體，而完全否認了其他足以促使山水詩形成的各種因素，這可以說全然忽略了詩體所以形成的原則所造成的一種錯誤。因此我們在這裡必須再重複的強調一下我們的看法：山水詩雖然不一定是直接起源於招隱詩、遊仙詩或玄言詩，但在形成的過程中，必然曾經受到它們或多或少的影響，應是毋庸置疑的一件事。

三、嬌女詩

嬌女詩在左思作品中，是極爲特殊的一首，因爲這一首詩無論從內容題材、體式、文辭、風格等那一方面看起來，都與左思其他作品不同。因此使得左思作品在典怨深野雄偉壯麗的風格之外，又增加了另外一種截然不同的風格和面貌，使吾人對左思作品的風格和特色有一更爲完整而廣泛之認識和瞭解，對左思的生活、個性、際遇和心境也有更爲透澈而深切之體認和同情。因此如果我們想對左思的作品和生活有一個全盤性的了解和認識，那麼對嬌女這一首詩我們便不能不給予應有的重視和關懷。

就內容而言，嬌女這首詩與左思其他作品有極大的不同之處，那就是：左思其他作品如詠史、招隱、雜詩、悼離贈妹等都有一極爲嚴肅之主題：不是抒發自己的理想和抱負，就是敘述自己的志節和情感。就我國古代傳統的文學觀來說，這幾首作品多少含有一點載道言志的意味在內，因此讀了之後，很自然的便會使人產生一嚴肅和莊重的感覺。但嬌女這一首詩，無論內容、動機、情境、意味那一方面看來，我們都可以很明顯的體會得出來，這是一首純爲遣興而作的詩歌，它不說理想，不談抱負，不抒情感（至少表面如此），不道志節，撇開一切足以令人爲之悲歡、感慨、痛苦、煩惱的事物和問題，忘記一切現實生活中所遭遇到的各種挫折和失敗，以平靜閒適超然忘我那種無可奈何的心情，來享受人倫之間的親子之情，以撫慰在現實生活中遭受創傷之心靈。然後以客觀寫實的手法把那種歡樂的親子之情透過小兒女天眞瀾漫嬌憨幼稚的姿態的描寫具體的表現出來。因此可以說是遣興之作，遊戲之作，也可以說是寄懷之作。第一段自「吾家有嬌女」至「誦習矜所獲」，專寫次女紈素。第二段自「其姊字惠芳」至「明義爲隱頤」，專寫長女惠芳。第三段自「馳騖翔園林」至「掩淚俱向壁」，則合寫二女。對稚女的姿態和神情有極爲細膩生動的刻畫和描寫。譬如寫次女紈素一段云：

「吾家有嬌女，皎皎頗白皙。小字爲紈素，口齒自清歷。鬢髮覆廣額，雙耳似連璧。明朝弄梳台，黛眉類掃迹。濃朱衍丹唇，黃吻瀾漫赤。嬌語若連瑣，忿速乃明懂。」

寫長女惠芳一段云：

「其姊字惠芳，面目璨如畫。輕妝喜樓邊，臨鏡忘紡績。舉觶擬京兆，立的成復易。玩弄眉頰間，劇兼機杼役。從容好趙舞，延袖象飛翮。上上絃柱際，文史輒卷襞。顧眄屏風畫，如見已指摘。丹青日塵闇，明義爲隱賾。」

年齡不同，其舉止言行、姿態神情也都迥然各異，姊姊是姊姊，妹妹是妹妹，一點兒都不會有含糊不清、混淆錯亂的地方。至如「馳騖翔園林，果下皆生摘，紅葩綴紫蒂，萍實驟抵擲。」一段，寫其動態；「並心注肴饌，端坐理盤槅，翰墨戢閒案，相與數離逖。」一段，寫其靜態；「貪華風雨中，眒忽數百適，務躡霜雪戲，重綦常累積」一段，寫其天眞；「動爲鑪鉦屈，屣履任之適。止爲茶荈據，吹噓對鼎鑑。脂膩漫白袖，煙薰染阿錫。衣被皆重地，難與沈水碧」一段寫其頑皮；「任其孺子意，羞受長者責。瞥聞當與杖，掩淚俱向壁。」一段寫其可憐；其姿態神情之逼肖生動，眞可說是如見其人，如聞其聲，即與後世以描情寫物見長之詠物詩、宮體詩相較，亦毫不多讓。除此之外，這首詩在題材的選擇和運用上，就整個詩歌發展演進的歷史而言，也有它極爲特殊深遠的意義和影響在。因爲在這一首詩出現以前，中國詩歌在題材的選擇和運用上，雖說已經極爲廣泛，譬如文選所錄，共分二十三類：有補亡、述德、勸勉、獻詩、公讌、祖餞、詠史、百一、遊仙、招隱、遊覽、詠懷、哀傷、贈答、行旅、軍戎、郊廟、樂府、挽歌、雜詩、雜擬，可謂各體皆備，無所不包。但其中却沒有任何一首詩歌是以描寫小兒女情態爲其主要題材和內容的。因此這首詩的出現，不僅豐富了詩歌新的內容，開創了詩歌新的領域，同時也給後世留下了極爲深遠而廣泛的影響。許多偉大的作家，在現實生活遭受挫敗之後，往往就會以這種題材來撫慰自己的心靈，寄託自己的情懷，而產生了許多偉大而感人的作品，譬如陶淵明和郭主簿詩云：

「弱子戲我側，學語未成音。此事眞復樂，聊用忘華簪。」

其於弱子情態之描寫，雖不如「嬌女」之生動細膩，然「聊用忘華簪」一語却充分的道破了這類詩歌眞正的命意所在。又如李白寄東魯二稚子詩云：

「樓東一珠桃，枝葉拂靑煙。此樹我所種，別來向三年。桃今與樓齊，我行尙未旋。嬌女字平陽，折花依桃邊。折花不見我，淚下如流泉。小兒名伯禽，與姊亦齊肩。雙行桃樹下，撫背誰復憐。肝腸日憂煎，裂素寫遠思。」

借對小兒女情狀之描寫，表達其對家庭子女的誠摯的想念之情，較之左思嬌女詩純粹以刻畫嬌女之情態聊資消遣之心情，其宛轉感人之程度，自不可同日而語。但其借稚子之描寫，以遙寄所懷之用意，則初無二致。又如杜甫北征：

「瘦妻面復光，痴女頭自櫛。學母無不爲，曉妝隨手抹。移時施朱鉛，狼藉畫眉闊。生還對童稚，似欲忘飢渴。問事競挽鬚，誰能即嗔喝？」

「平生所嬌兒，顏色白勝雪。見耶背面啼，垢膩脚不襪。牀前兩小女，補綻才過膝。海圖坼波濤，舊繡移曲折。天吳及紫鳳，顚倒在短褐。」

以喪亂之餘還家團聚之事爲經，以嬌兒天眞爛漫不知憂愁之情態爲緯，交織成一副感人的畫面。如果我們把這兩段詩跟左思所作的嬌女詩作一對照比較的話，我們就可以發現：他們那種寫實的風格、詼諧的情調，辭句之內容是多麼的肖似和逼近，如果說其間毫無瓜葛毫無關係的話，這是無論如何都難以使人置信的一件事。此外，如杜甫的羌村三首、李商隱的嬌兒詩盧仝的寄男抱孫、示添丁、韓愈的示兒詩，……等這些對小兒女情態的描寫和歌詠的作品，在題材的選擇和靈感的獲得上，顯然的也曾經得到左思嬌女這首詩的啓發和影響。

就體裁上而言，嬌女詩是左思作品中惟一用樂府排衍之法所寫成的一首詩，因此它也具有這種體裁所具有的各種特色，譬如：㈠在表達的方式上，它所採取的完全是一種鋪陳排衍的手法，對事物的描寫盡量的求其細膩夸飾，淋漓盡致，譬如它對嬌女所作的那一段描寫：

「吾家有嬌女，皎皎頗白皙。小字爲紈素，口齒自清歷。鬢髮覆廣額，雙耳似連璧。明朝弄梳台，黛眉類掃迹。濃朱衍丹唇，黃吻瀾漫赤。嬌語若連瑣，忿速乃明愶。」

一、二句寫其皮膚，三、四句寫其口齒，五句寫其鬢髮，六句寫其雙耳，七、八句寫其朱唇，九、十句寫其朱唇，十一句寫其言語，十二句寫其惱怒。對嬌女的容貌姿態、言行舉止都不厭其煩的加以刻畫描寫，就跟南北朝時代所盛行的宮體詩一樣具有①不重典故②寫實客觀③繁富纖巧④娛樂性質等四大風格。〔註十九〕跟左思其他作品那種典麗雄偉的風格比較起來，眞可謂迥然不同，別有風味。而一向以香艷風流爲號召之玉台新詠一書之所以錄有此詩，大概也是由於這首詩在描寫的手法上有這種傾向的緣故吧！㈡在辭句的選擇和運用上，它所表現的是淺近俚俗，毫無雕飾。就淺近這方面來說，上文所引各段已足爲證，此處自毋庸重複贅舉。就俚俗這方面來說，譬如「忩速乃明懂」的「忩速」「明懂」，「眒忽數百適」的「眒忽」，「動爲鑪鉦屈」的「鑪鉦」，「相與數離逖」的「離逖」，「吹噓對鼎䥶」的「鼎䥶」……等詞，都是當時的方言口語，而他竟敢大膽的予以採用，這不僅在左思的作品之中找不到第二首，就是在當代作家的作品中，也是難得一見的情形，因此胡適之先生在白話文學史一書中特別將嬌女這首詩提出來加以討論，認爲它是當代白話文學的代表作之一，就是因爲它具有這種特殊的風格的緣故。

第二節　文　辭

以一般文學發展的情況而言，時代相同或相近的作家，由於環境相同，背景相同，理想相同，意識相同，因此作品也往往會有相同的風格和特色。譬如兩漢之古樸、建安之慷慨，正始之玄風，元康之繁縟，宋初之山水，齊梁之宮體，……等，每個時代都有它獨特而相同之風格和潮流，在這種獨特而相同的風格和潮流的籠罩之下，一般作家無論其思想如何獨特，個性如何堅強，恐怕也難得不受其影響和震盪，而能一成不變的保留其原有之風貌。左思生於魏末，長於晉初，以三都賦詠史詩等作品振起於文壇之間。因此一般文學史家爲了畫分時代，便於稱呼起見，都把他畫入太康時代，跟潘陸等人同列爲太康詩人，而統稱之爲「三張、兩陸、二潘、一左。」譬如鍾嶸詩品序：

「太康中，三張、兩陸、二潘、一左，勃爾復興，踵武前王，風流未沫，亦文章之中興也。」

甚至於含糊籠統的把左思的作品跟潘陸等人相提並論，且將之列爲「結藻清英，流韻綺靡」這一類作品之中，譬如文心雕龍時序篇云：

「逮晉始基，……人才實盛，……茂先搖筆而散珠，太冲動墨而橫錦，岳湛曜聯璧之華，機雲標二俊之采，應傅三張之徒，孫摯成公之屬，並結藻清英，流韻綺靡。」

明詩篇亦云：

「晉世群才，稍入輕綺，潘、張、左、陸，比肩詩衢，采縟於正始，力柔於建安，或析文以為妙，或流靡以自妍，此其大略也。」

總是把左思跟他們的作品扯在一起，而不分青紅皂白的一概稱之為「輕綺采縟」，其主要原因就是由於左思跟他們都是同屬於太康時代的詩人。故當歷代批評家討論到這個時代作品的特徵和風格時。為了文章語氣的關係，因此往往連帶的把左思的大名也扯在裡面的緣故吧！事實上，左思的作品無論從那一方面看起來，似乎都不應該跟潘陸這些人扯在一起，而把他們同時歸為一類。關於這一點，只要我們把當代的詩風，跟左思的作品，作一個詳細的對照研究，我們自然就可以獲得一個充分的瞭解。

首先，我們就以文辭方面來說吧！自魏晉以至齊梁，不論從文學理論上或實際文學的創作上來說，對文字的雕飾和辭采的美化方面都是極為重視的，甚至於把它認為是構成作品最重要的因素之一。其受重視之程度，較之作品所蘊涵之情感內容等重要因素，更有過之而無不及。首先，我們從文學理論上來看：曹丕在他所著的典論論文中，首先提出「詩欲麗」的宣言，接著陸機在他的文賦之中，也大張其辭的說：

「詩緣情而綺靡，……其會意也尚巧，其遣言也貴妍，曁音聲之迭代，若五色之相宣。……藻思綺合，清麗芊眠，炳若縟繡，悽若繁絃。」

一再的強調「清麗綺靡」「貴妍縟繡」的重要性。自此以後，飾言辭、重文采的風氣便瀰漫渲染於整個文壇之中了。譬如昭明太子雖有「麗則傷浮」之說，而選文却仍以「綜輯文采，錯比文華」爲標準。即使主張文質並重，對當代創作風氣深致不滿之意的文心雕龍，在序志、情采等篇中，亦曾一再強調辭采雕飾之重要性。其序志篇云：

「古來文章，以雕縟爲體。」

情采篇云：

「若乃綜述性靈，敷寫器象，鏤心鳥迹之中，織辭魚網之上，其爲彪炳，縟采名矣。……文采所以飾言，而辨麗本於情性。」

其於文采美飾之要求，可謂顯然可見，毫無隱匿。至於鍾嶸論詩所依據之原則，雖然也與劉勰相同，都是主張內容形式並重，但是如果我們把鍾嶸對各家所下的評語和等第略加分析的話，就可以體會得到他對富有「丹采」的作品是極爲偏愛的。譬如：曹植、陸機、潘岳、張協、謝靈運等這些備受鍾嶸讚譽的作家，皆分別以「詞采華茂」、（註二十）「才高詞贍，舉體華美」、（註二十一）「爛若舒錦」、（註二十二）「文體華淨，詞采葱青」、（註二十三）「繁富」「富艷」（註二十四）等佳評列於上品。而曹丕、陶潛、鮑照、曹操等作家，却分別以「鄙質如偶語」、（註二十五）「世歎其質直」、（註二十六）「不避危側，頗傷清雅之調」、（註二十七）「古直」（註二十八）等貶語而退居中品或下品。劉楨、左思等雖列上品，却因「雕潤恨少」「野於陸機」，而不能與曹、王、潘、陸等並駕齊驅。（註二十九）其品評之標準雖未明言偏於辭采，但從其各家評語褒貶輕重之層次看起來，其標準之偏於辭采，可謂至爲明顯。

由上所述，可見當代整個批評界對文學創作的辭采方面，都一致要求要做到「綺麗」「富艷」「縟采」「華茂」的境地，才算是合乎盡善盡美的標準。大家都知道，文學創作與文學思想的發展，往往是相輔相成而彼此影響的：文學創作爲文學批評之基礎，文學批評則常爲文學創作之反映。因此有什麼樣的批評，往往也就會產生什麼樣的文學。

魏晉以後之文學，在理論上既有「欲麗」和「貴妍」的傾向，那麼在實際的創作上，自然也就會有繁華富麗雕繪滿眼的要求和表現了。關於這一點，只要我們把歷代詩評家對當代詩風和各家風格所作之評語略加檢視，我們就可以發現當代作家在從事實際創作的時候，是如何受到這種惟美風氣的感染和影響了。以下我們就以太康詩人爲限，將歷代詩評家對當代詩風及潘陸等人所作之評語，分「當代總論」及「各家評語」二項臚舉如下，以見當代詩風崇尚文采之一斑：

一、當代總論：

1.宋書謝靈運傳論：「降及元康，潘陸特秀，律異班馬，體變曹王，縟旨星稠，繁文綺合，綴平台之逸響，采南皮之高韻，遺風餘烈，事極江右。」

2.文心麗辭篇：「至魏晉群才，析句彌密，聯字合趣，剖析毫釐，然契機者入巧，浮假者無功。」

3.文心明詩篇：「晉世群才，稍入輕綺。張潘左陸，比肩詩衢。采縟於正始，力柔於建安。或析文以爲妙，或流靡以自姸，此其大略也。」

4.文心時序篇：「逮晉始基，……人才實盛，……並結藻淸英，流韻綺靡。」

5.文心情采篇：「後之作者，（指太康以後）採濫忽眞，遠棄風雅，近師辭賦，故體情之製日疏，逐文之篇愈盛。」

無不異口同聲以爲晉世文學是一個「體情日疏，逐文愈盛」的時代，造句則力求「析句彌密」「剖析毫釐」，辭采則務期「縟旨星稠」「繁文綺合」，以此相高，顯其優劣。至宋齊之際，遂逐漸形成「儷采百字之偶，爭價一字之奇」（註三十）那種只重形式而不問內容的惟美文風，其最大關鍵卽在太康元康之際。

二、各家評語：

甲、陸機：

1.世說新語賞譽篇：「陸文若排沙簡金，（言其蕪雜繁富）往往見寶。」

2.文心鎔裁篇：「士衡才優，綴辭尤繁。」「士衡矜重，故情繁而詞隱。」「才欲窺深，辭務索廣。」

3.鍾嶸詩品：「才高詞贍，擧體華美，……尙規矩，貴綺錯，〔註三十一〕咀嚼英華，厭飫膏澤，文章之淵泉也。」

4.沈德潛古詩源：「詞旨敷淺，但工塗澤。」

乙、潘岳：

1.鍾嶸詩品：「翰林歎其翩翩然，如翔禽之有羽毛，衣服之有綃縠。謝混云：『潘詩爛若舒錦。』」

2.陳祚明采菽堂古詩選：「宛轉側折，旁寫曲訴……筆端繁冗，不能裁制。」

3.沈德潛古詩源：「潘陸詩如剪綵爲花，絕少生韻。」

4.黃子雲野鴻詩的：「安仁情深，而語冗繁。」

丙、張協：

1.鍾嶸詩品：「文體華淨，……又巧構形似之言。」「詞采葱青，音韻鏗鏘。」

丁、張華：

1.鍾嶸詩品：「其體華艷，興托不奇，巧用文字，務爲妍冶。」

以上對各家所作評語，所謂「塗澤」「華美」「繁富」「形似」「繁冗」「巧用文字」「務爲妍冶」，都不外是說明潘陸各家在創作上均能巧用文字在形音義上的各種特色，以濃艷繁富的修辭法，達成其藻麗硏冶的要求和目的。

至於他們如何「巧用文字」，以新奇繁富之修辭法來達成其藻麗硏冶的要求和目標，廖蔚卿女士在他所著的「論陸機的詩」和「鍾嶸詩品析論」二文中，有極爲詳細之論述。由於陸機在太康詩人之中，是最具有時代精神的一個，因此以下我們就專以陸機爲代表，每項各舉一例，將當代詩人所最常使用之各種修辭法，作一簡要的敘述，然後再跟左思的作品作一詳細之對照，以明左思在許多方面的確不太像是屬於這個時代的詩人：

1. 對偶：所謂對偶，就句形而言，是字數相等，句法相似。就句意而言，有正對反對之區別，其目的在利用文字對稱或襯映之美，引發複雜之感興。

譬如：陸機承明作與士龍一首，自「婉孌居人思」以下各句，幾乎全用偶句，詩繁不舉。

2. 排比：用字取義，不必絕對相偶相對，其在詩中經常以一種不完整之偶句形式出現，雜列於偶句前後，而構成一種錯綜排比之意趣。

譬如：「昔我斯逝，兄弟孔仁。今我來思，或彫或榮。昔我斯逝，族有餘榮。今我來思，堂有哀聲。我行其道，鞠爲茂草，我履其芳，物在人亡。」——贈弟士龍。

3. 頂眞：以前句之結尾爲後句之起頭，或上章之結尾爲下章之起頭。以錯綜之形式構成複疊之意趣。

譬如：「與子隔蕭牆，蕭牆阻且深，形影曠不接，所托聲與音，音聲日夜闊，何用慰吾心。」——贈尚書郎顧彥先。

4.複疊：主要作用是利用語言之音響特性，以激發意趣或達成詠歎之效果，與頂眞作用頗為相似。

譬如：呼子子不聞，泣子子不知。含言言哽咽，揮涕涕流離。」——挽歌之一。

5.借代：借用關係事物之名稱以代替所說事物，或借事物之一部分以代全體。

譬如：「三閭結飛轡，大耋嗟落暉。」——擬東城一何高

（三閭代屈原，轡代馬或馬車，大耋代老年，落暉代歲暮。）

6.引用詞：即在詩中取用成語或故事的一部分，以代替所要表明的事理或事象。

譬如：「盛門不再入，衰房莫若開。升龍悲絕處，葛藟變千條。」——折楊柳

（盛門、衰房引老子，升龍引儀禮注，葛藟引詩周南。）

7.聯邊字：利用同一偏旁之字，以創造詩歌之藝術效果者，謂之聯邊。

譬如：「感物情悽惻，慷慨遺安愈。」——赴洛之二。

8.聯綿字：利用雙聲疊韻之道理，以創造聲音詠歎之效果。

譬如：「載離多悲心，感物情悽惻，慷慨遺安愈，永歎廢寢食，憂苦欲何為，纏綿胸與臆

，仰瞻陵霄鳥，羡爾歸飛翼。」——赴洛之二

（悽惻、慷慨爲雙聲。永歎、憂苦、纏綿、霄鳥爲疊韻。）

此外尚有形容、鋪張、比擬、譬喩、描摹、鑲字、倒裝等，皆爲當代詩人所經常使用之修辭法，其例繁多，不容一一列舉。但只要看了上面這段有關當代詩風的叙述之後，我們就可以曉得當代詩人在語言辭藻的美飾方面，是如何的傾其心智、全力以赴了。

但是現在我們再回過頭來看看左思在這方面的表現，情況又是如何呢？他出身寒微，毫無依恃，雖有崇高的理想，宏偉的抱負，但却無法實現，對「上品無寒門，下品無勢族」的貴族社會，內心充滿了怨憤和不滿，在奮鬥、掙扎、反抗、抨擊都歸於無效的時候，才將滿腔的悲憤和哀傷的情感，全部寄託在他的詩歌裡。他的背景遭遇和生活圈子都跟當時的詩人不同，因此他作詩的主要目的，是在於宣泄這股強烈迫切而不可壓抑的情感，而使其慷慨悲憤之情意得以稍獲抒解。因此他在作這些詩歌的時候，他所特別著力的是：如何把這股激動的感情，強而有力的傳達到讀者的身上，使讀者也能充分的感受到這股強烈的激動。他根本就未曾把辭藻的修飾和美化這些微末枝節當作他努力追求的目標和方向。因此，他的作品在風格上顯得特別直爽明快，古樸自然。造句簡單，缺少變化，但都感人至深。跟當代詩人所寫的那些繁縟複雜雕繪滿眼的作品比較起來，那簡直是判若雲泥，不可同日而語。他對當代詩人所經常使用的那些修辭法，似乎有點兒不

不屑一顧。因此，他在三都賦序裡，曾明白的表示他對文學創作的看法：「玉巵無當，雖寶非用，侈言無驗，雖麗非經。」又說：「發言爲詩者，咏其所志也，升高能賦者，頌其所見也。美物貴依其本，匪本匪實，覽者奚信。」認爲詩賦創作的目標，必須以「本」「實」二字爲依歸，否則徒事雕琢，不顧實際，不論作品寫得如何「侈麗」，也無當於用，而爲覽者所不信。因此他不主張過度誇張的描寫，也不鼓勵在實際上毫無必要的雕飾，而使詩賦喪失了它「詠其所志」「頌其所見」的原有目的和意義。因此，上面我們所列舉的那些當代詩人所慣常使用之修飾法，左思雖非絕不使用，（事實上，完全不使用也是絕不可能，因爲文學代有因革，上述許多修辭法皆古已有之，要想完全避而不用，不但不可能，而且也沒有必要，不過使用次數與變化有多寡繁簡之不同耳。）但就其變化之繁雜與使用次數之多寡而言，顯然較之當代詩人要少得多。就上述所列修辭法而言，左思作品使用較多者約有三類：㈠偶句。㈡複疊字。㈢聯綿字。其餘各法，則偶或用之，或根本不用。以下僅就使用最多之三法分別討論如下：

㈠偶句：是晉宋詩人使用得最爲普徧的一種修辭法，文心雕龍所謂「儷采百字之偶，爭價一字之奇」，雖然說的是「宋初文詠」，（註三十二）但事實上，此風在太康之際、西朝之末，早已大爲盛行，無須等到宋齊以後。左思雖「胸次高曠」，（註三十三）超邁絕倫，不以雕縟爲體。但在這種風氣的薰染和籠罩之下，自亦難免不或多或少的會受其影響和波及。以五言而論，在寥寥十數首兩百多句的作品中，其所用偶句竟高達六十餘句之多，（其形式不工整者，尚不在此數。）可見其所受影響，是如何之鉅。茲爲具體明白起見，特將左思各首偶句依次摘錄如下，並可藉此了解其偶句修辭法之一般。

1. 「著論準過秦，作賦擬子虛。」「左眄澄江湘，右盼定羌胡。」——詠史之一。
2. 「鬱鬱澗底松，離離山上苗。」「世胄躡高位，英俊沈下僚。」——詠史之二。
3. 「吾希段干木，偃息藩魏君，吾慕魯仲連，談笑却秦軍。」「臨組不肯紲，對珪寧肯分。」——詠史之三。
4. 「朝集金張館，暮宿許史廬。南鄰擊鐘磬，北里吹笙竽。」——詠史之四。
5. 「皓天舒白日，靈景耀神州。」「振衣千仞岡，濯足萬里流。」——詠史之五。
6. 「貴者雖自貴，視之若埃塵。賤者雖自賤，重之若千鈞。」——詠史之六。
7. 「主父宦不達，骨肉還相薄。買臣困採樵，伉儷不安宅。陳平無產業，歸來翳負郭。長卿還成都，壁立何寥廓。」——詠史之七。
8. 「習習籠中鳥，舉翮觸四隅。落落窮巷士，抱影守空廬。外望無寸祿，內顧無斗儲。親戚還相蔑，朋友日夜疏。蘇秦北遊說，李斯西上書。俛仰生榮華，咄嗟復彫枯。」——詠史之八。

9.「巖穴無結構，丘中有鳴琴。白雲停陰岡，丹葩耀陽林。石泉漱瓊瑤，纖鱗或浮沉。」「秋菊兼餱糧，幽蘭間重襟。」——招隱之一。

10.「結綬生纏牽，彈冠去埃塵。惠連非吾屈，首陽非吾仁。」——招隱之二。

11.「柔條旦夕勁，綠葉日夜黃。」　雜詩

（其中除3.6.7.三項及第8項爲複句對外，其餘皆單句對。）

由此可見，一個作家無論個性如何獨特，意志如何堅強，思想如何超邁，但是要想做到完全超脫於時代潮流之外，而絲毫都不受其影響，這是無論如何都無法做到的一件事，左思作品多用偶句就是一個最好的例子。但是如果我們把上面所列舉的這些偶句，仔細的加以分析的話，我們至少可以發現兩件事實：㈠左思所造的偶句雖然很多，但幾乎全部都是屬於非常單純而常見的「言對」和「正對」，譬如「振衣千仞岡，濯足萬里流」、「臨組不肯緤，對珪寧肯分」、「世冑躡高位，英俊沉下僚」……等這些偶句，在文心雕龍麗辭篇所說的四種偶句中，都是屬於較爲容易而拙劣的一種，（註三十四）且其所作偶句，又往往以「左右」「南北」「朝暮」「貴賤」「白丹」等黑白分明之字眼互相對擧，與各家所作相比。譬如：

「陰雲興巖側，悲風鳴樹端。不覩白日景，但聞寒鳥喧。猛虎馮林嘯，玄雲臨岸嘆。」——陸機苦寒行

「懷往歡絕端，悼來憂成緒。感別慘舒翮，思欲樂遵渚。」——同上於承明作與士龍。

「廻谿縈曲阻，峻阪路威夷。」「濫泉龍鱗瀾，激波連珠揮。」——潘岳金谷集作詩。

「沈液漱陳根，綠葉腐秋莖。里無曲突煙，路無行輪聲。」「流澗萬餘丈，圍木數千尋，咆虎響窮山，鳴鶴聒空林。」——張協雜詩。

其繁巧與樸拙之間，自不可同日而語。㈡所造偶句皆平實自然，毫無矯揉造作之迹，譬如上文所舉「吾希段干木，偃息藩魏晉。吾慕魯仲連，談笑却秦軍。」「貴者雖自貴，視之若埃塵。賤者雖自賤，重之若千鈞」等句，就形式上而言，雖屬結構較爲複雜之隔句對（複句對），但就字面上而言，却幾乎全都是屬於隨手拈來脫口而出而又純屬自然毫無雕飾的句子。即使以左思最著力修飾的「白雲停陰岡，丹葩耀陽林」這兩句來說吧！在辭采方面雖略顯雕琢，但在語氣方面却仍極流暢明快，毫無勉強造作之迹。故胡適之先生在白話文學史中評論左思的作品時說：「雖然也帶點駢偶，但却不討人厭。」充分的表示

他所作的對句，與潘陸等人不顧內容刻意雕飾的作風，的確有相當大的一段距離，不可與之相提並論。

㈡複疊字：左思作品使用複疊字者，多達二十餘處，列舉如下：

「鬱鬱岱青」「峨峨令妹」「翼翼群媛」「穆穆令妹」「悲鳴恞恞」「去去在逝」「燕燕之詩」——悼離贈妹二首

「鬱鬱澗底松」「離離山上苗」「濟濟京城內」「赫赫王侯居」「寂寂楊子宅」「寥寥空宇中」「悠悠百世後」「峨峨高門內」「藹藹皆王侯」「習習籠中鳥」「落落窮巷士」——詠史八首

「秋風何冽冽」「皦皦流素光」「嗷嗷晨雁翔」——雜詩

使用次數雖然很多，但這些相連相等的疊字如「峨峨」「赫赫」「皦皦」「嗷嗷」，皆本之於詩騷古詩，是複疊字中最常見的一種。完全不像潘陸等人所使用的複疊字一樣，有許多極爲繁複靈活的變化，不但可以相連，而且可以相隔，同時在相隔之外，再加上字秩上之顚倒錯置，詞性上之轉移等各種變化，〔註三十五〕以造成文辭上各種繁富不同之意趣，可謂極其變化錯雜之能事。與左思那種本諸詩騷毫無變化的相連疊字技法相比，其巧拙之別，自不可以道里計。

由上所述，我們可以知道：在貴雕飾尚綺靡的詩風最爲盛行的太康時代裡，左思是惟一能夠超脫於時代風氣之外，以一己獨特素樸遒勁之風格從事創作的一個詩人，故鍾嶸詩品評左思詩云：「野於陸機」，張蔚然西園詩麈亦云：「在六朝而無六朝習氣者，左太沖陶彭澤也。」的確，以語言美飾所表現之繁富變化而言，左思不僅不能與陸機相比，卽使與潘岳、張載、張協等人相較，恐怕也要遙遙的瞠乎其後吧！

由於歷代詩風好尚有異，因此歷代評論家對左思作品的評價，在高下崇卑之間，自然也就有了很大的差異。一般說起來，時代愈早，對他的評價就愈低，時代愈近，對他的評價就愈高。這主要的就是由於前後文學觀發生變化的關係。譬如六朝時代，在文學上所標榜的是「雕縟綺靡」，在生活上所推崇的是「著姓大族」，而左思出身旣寒微，而爲文又不以雕縟爲念，因此當代的詩評家對他雖然沒有太多的貶辭，但却也始終沒有把他認爲是當代最具有代表性的一個詩人。譬如鍾嶸詩品雖把左思跟陸機、潘岳、張協等人並列爲上品，但在總論之中却說：

「陸機爲太康之英，安仁（潘岳）景陽（張協）爲輔。」

很顯然的，在地位上已把左思置於陸機、潘岳、張協之下。此外又如宋書謝靈運傳論云：

「降及元康，潘陸特秀。」

南齊書文學傳云：

「潘陸齊名，機岳之文永異。」

在談到當代代表詩人的時候，總是潘陸並舉，却根本未曾提及左思的名字。相反的，對潘陸那種「雕縟繁富」「綺麗輕巧」的風格，却備加讚揚，譬如鍾嶸詩品評陸機詩云：

「才高辭贍，擧體華美，……咀嚼英華，厭飫膏澤，文章之淵泉也。張公歎其大才，信矣。」

評潘岳詩云：

「謝混云：『潘詩爛若披錦，無處不佳。』余常言：『陸才如海，潘才如江。』」

其於潘陸等人之褒讚揄揚，眞可以說無以復加了。但是到了近代，潘陸等人却都一致的遭到極爲嚴嚴厲的批評和貶斥，地位亦因而一落千丈，如陳祚明采菽堂古詩選評陸機詩云：

「束身奉古，亦步亦趨……造情既淺，抒響不高，……敷旨淺庸，性情不出。」

沈德潛古詩源評陸機詩云：

「詞旨敷淺，但工塗澤，……意欲逞博，而又胸少慧珠，筆力又不足以擧之，遂開出排偶一家。」

黃子雲野鴻詩的評陸機詩云：

「平原偶爲茂先一語之褒，故得馳名江左，昭明嘉其平調，又多採錄。後因沿襲而不覺，實爲詩中之下乘也。」

陸時雍詩鏡總論評潘岳詩云：

「浮詞浪語，令人生厭。」

沈德潛古詩源評潘陸詩云：

「潘陸詩如剪綵爲花，絕少生韻。」

衆口一辭，簡直就沒有一句好評。但相反的，對左思的評價，却一天比一天的提高。譬如王船山古詩評選云：

「三國之降爲西晉，文體大壞，古度古心，不絕來茲者，非太沖其焉歸？」

陳祚明采菽堂古詩選云：

「太沖一代偉人，其雄在才，而其高在志。有其才而無其志，語必虛憍。有其志而無其才，音難頓錯。鍾嶸以爲野於陸機，悲哉，彼安知太沖之陶乎漢魏，化乎矩度哉。」

黃子雲野鴻詩的云：

「太沖祖述漢魏，而修辭造句，全不沿襲一字，落落寫來，自成大家。視潘陸諸人，何足數哉？」

嚴羽滄浪詩話云：

「晉人舍陶淵明阮嗣宗外，惟太沖高出一時，陸士衡獨在諸公之下。」

沈德潛古詩源亦云：

「鍾嶸評左詩，謂野於陸機，而深於潘岳，此不知太沖者也。太沖胸次高曠，而筆力又復雄邁，陶冶漢魏，自製偉詞，故是一代作手，豈潘陸輩所能比埒？」

不但讚揚備至，且將左思地位置諸潘陸等人之上，而毫無貶詞。其情形就跟陶淵明和鮑照的情形相同，在南北朝時代無論聲名地位皆遠在顏謝之下，但到了唐宋之後，其聲光步武，却有如中天明月，光照千秋，衣被百世，不僅超邁顏謝，獨步中古，且雄如李杜，逸如東坡，亦皆深為歎服。其主要原因就是由於歷史背景已經消失，文學觀念業已改變的緣故。

第三節　風格

歷代詩評家對左思所作之評論中，態度最為公正，見解最為客觀，內容最為精闢者，當首推鍾嶸詩品。案鍾嶸詩品對左思所作之評語云：

「晉記室左思，其原出於公幹，文典以怨，頗為精切，得諷諭之致，雖野於陸機，而深於潘岳。」

在這段簡短的評論中，鍾嶸以極為敏銳之觀察、卓越之見解，標出了「典怨深野」這四個字，來詮釋左思作品的風格和特色。認爲這四個字最足以代表左思作品的風格和精神。如果我們細讀左思作品，再來看看鍾嶸詩品所提出來的這四字評語，我們就會毫無疑議的讚同他的看法，認爲他這四字評語的確是非常扼要帖切而有涵蓋性的道出了左思作品的眞正精神所在。因此以下我們對左思作品風格之討論，就以鍾嶸詩品所提出來的這四個字——典怨深野——做爲中心和依據，分別以：㈠慷慨悲壯之情懷（怨）㈡古樸簡鍊之文辭（野）㈢委婉諷諭之情致（典）㈣眞摯情感之反映（深）這四個標題來探討一下左思作品的風格和特色。

一、慷慨悲壯之情懷

詩歌發展到西晉以後，氣格漸形卑弱，一般文人在生活上的表現是「攀龍附鳳」「與時浮沉」〔註三十六〕，在創作上的要求是「結藻清英，流韻綺靡」〔註三十七〕，因此表現在作品上，也顯得極爲浮靡散漫，卑弱無力。故文心雕龍明詩篇云：

「晉世群才，稍入輕綺，張、潘、左、陸，比肩詩衢，采縟於正始，力柔於建安，……此其大略也。」

認爲晉世諸作，在文采方面，繁縟過於正始，在風力方面，則遠不如建安諸子。這主要的原因是由於他們在志意抱負方面缺乏一股慷慨悲壯的情懷的緣故。因此在作品上自然也就缺乏了那一股足以令人感動驚絕的風骨力氣了。但其中，左思却是惟一的例外，他在文辭上不但能夠卓然獨立於時代風氣之外，而且在內容情感的表達上，壯麗遒勁，風骨凜然，不僅睥睨當代，盡掩諸子，而且超越正始，直接繼承建安時代以「風力」「骨氣」「慷慨」「任氣」爲其主要精神之獨特詩風，而偉然獨立於太康諸子之外。王夫之古詩評選云：

「三國之降爲兩晉，文體大壞，古度古心，不絕來茲者，非太沖其焉歸？」

沈德潛古詩源云：

「太沖胸次高曠，而筆力又復雄邁，陶冶漢魏，自製偉詞，故是一代作手，豈是潘陸輩所能比埒？」

黃子雲野鴻詩的云：

「太沖祖述漢魏，而修詞造句，全不沿襲一句，落落寫來，自成大家，視潘陸輩，何足數哉？」

此處所說的「陶冶漢魏」「祖述漢魏」的漢魏二字，漢是指漢詩在語言文字結構上所表現的古樸自然，魏是指建安詩風在文字情感上所表現的「風力骨氣」與「慷慨任氣」。左思作品出語直率，蒼莽而不加雕琢，有如漢詩之古樸自然，關於這一點我們將在下一節中詳加論列，此處無須多加贅述。至於左思作品所承襲的建安詩風——「風力骨氣」「慷慨任氣」——這一部分，我們在此處必須詳加論介，才能進一步來討左思作品中「慷慨激昂」「雄渾壯麗」這種風格的來龍去脈，以及左思在中國詩歌史上承先啓後這種超然而獨立的崇高地位。

歷代詩評家談到建安文學的風格和特徵時，幾乎都曾經提到「風骨」「慷慨」這兩個名詞，而且也都一致的把「風骨」「慷慨」這兩個名詞認爲是建安文學的精神所在。譬如陳子昂修竹篇序中提到「漢魏風骨」，李白宣州謝脁樓餞別校書叔雲提到「蓬萊文章建安骨」，嚴羽滄浪詩話評阮步兵詩時也曾提到「建安風骨」，此外，詩品評曹植云：「骨氣奇高」，評劉楨云：「仗氣愛奇，動多振絕，眞骨凌霜，高風跨俗。」評孫綽許詢等人云：「皆平典以道德論，建安風力盡矣。」……等亦皆有骨、氣、風、骨氣、風力等字樣。以上爲風骨。至於談到慷慨一詞者，亦俯拾皆是，譬如文心雕龍明詩篇云：

「暨建安之初，五言騰踊，文帝陳思，縱轡以騁節，王徐應劉，望路而爭馳，並憐風月，狎池苑，述恩榮，敘酣宴，慷慨以任氣，磊落以使才，造懷指事……此其所同也。」

同上時序篇亦云：

「建安之末，……觀其詩文，雅好慷慨，良由世積亂離，風衰俗怨，並志深而筆長，故梗槪而多氣。」

且在各家作品中，使用「慷慨」一詞者亦所在多有，如魏武帝短歌行：「慨當以慷，憂思難忘。」魏文帝於譙作：「慷慨時激揚。」曹植薤露行：「慷慨獨不群。」陳琳詠墳經：「慷慨詠墳經。」……由此可見「風骨」「慷慨」二詞的確是建安文學的特徵所在。

但到底怎麼樣的作品，才能算是慷慨而有風力的作品呢？案風骨一詞，鍾嶸詩品未有明確之定義，但在劉勰所著文心雕龍風骨篇中却有相當明白的解釋：

「是以怊悵述情，必始於風，沈吟鋪辭，莫先乎骨。故辭之待骨，猶體之樹骸。情之待風，猶形之包氣也。」

「結言端直，則文骨成焉。意氣駿爽，則文骨清焉。……故練於骨者，析辭必精。深乎風者，述情必顯，捶字堅而難移，結響凝而不滯，此風骨之力也。」

由此可知，風骨一詞的涵義，具有兩種極爲重要的因素，一是風，一是骨。所謂風，就是作品中所包涵的那股充滿著生命活力的情感和意氣。所謂骨，就是指文字在意義上的精確選擇與語言在結構上的嚴密組織。換而言之，也就是說只要能夠運用嚴密卓越的語言結構來展示作者內心充滿著生命活力的意趣和情感的作品，就是文心雕龍風骨篇中所說的有風骨的作品〈註三十八〉。至於慷慨一詞之涵義，據李直方慷慨以任氣說一文引史記項羽本紀「悲歌慷慨」高祖本紀「慷慨傷懷」等詞歸納闡釋慷慨一詞之涵義，認爲慷慨一詞包涵兩種意義，一者是代表「悲」，一者是代表「壯」。因此，凡是同時具有悲而壯這兩種情趣活力的作品，我們統統可以把稱之爲慷慨之作。且文心雕龍在談論風骨這個問題的時候，曾數度把慷慨一詞與風骨二字同時並舉，由此可見，風骨與慷慨兩者之間，關係是極爲密切涵義是極爲接近的。因此我們可以說，建安文學之所以如此「慷慨蒼涼」感人肺腑的原因，主要的就是由於有這股慷慨激昂、悲壯蒼涼的情懷的緣故。

由於建安時代是一個亂世，一般文人皆飽嘗流離失所的痛苦，在時代的限制和壓抑下，使得他們所懷抱的願望無法實現，才能無法施展，抱負無法達成，在生活上遭受到無限的挫折和失敗，在政治上對時代社會產生了無窮的悲憤和不滿，因此表現在文學上，自然都是一些「志深而筆長，梗概而多氣」的作品了。譬如曹植，他生於亂世，長乎軍中，有崇高的理想，遠大的抱負，奇逸的個性，堅貞的志節，以及慷慨而激昂的情懷。但是由於在政治上受到魏文帝的疑忌和壓迫，最後終於使他在鬱鬱寡歡、悲憤慷慨的心境中度過了他的一生。因此，在他的作品中，自然就會有「骨氣奇高，情兼雅怨，粲溢古今，卓爾不群」這種特殊風格的表現了〈註三十九〉。其次，又如劉楨，個性高傲，志氣豪邁，卓犖偏人，絕不隨俗，風骨凜然，不畏豪強，昂藏周旋於貴公子之間，而志意不爲之稍屈。因此，在他的作品中，自然而然的就會流露出他那種「仗氣愛奇，動多振絕，貞骨凌霜，高風跨俗」的特殊風格和韻致來〈註四十〉。而左思的作品，據鍾嶸詩品說：「其原出於公幹」，沈德潛古詩源、黃子雲野鴻詩的又都說他「陶冶漢魏」，而且在志意抱負、個性氣質、遭際處境等各方面也都跟建安諸子有許多相同或類似的地方。因此當我們讀到左思作品時，總會覺得有一股飽滿、生動、遒勁而有力的情緒活力貫穿其間。使人讀過之後，不知不覺的便產生了一種激昂慷慨、悲涼頓挫的感覺。而且歷代批評家也都異口同聲的以豪放、悲壯、蒼莽、雄渾、奇偉等詞來形容他的作品：譬如晉書本傳說他：「辭藻壯麗。」胡應麟詩藪說他：「造語奇偉。」劉熙載藝概說他：「壯而不悲。」沈德潛說他：「筆力雄邁。」王世貞藝苑卮言說他：「蒼莽。」劉師培中古文學史說他：「雄渾壯麗。」全都認爲他的詩有「激昂慷慨」「悲哀雄壯」的這種特質。而左思作品之所以會有這種特質，主要的就是由於在他的內心裡具有跟建安諸子幾乎完全相同的慷慨激昂、蒼涼悲壯的情緒的緣故。而這種慷慨激昂、蒼涼悲壯的情懷，又皆來自他特有的志意抱負、個性氣質、遭遇處境。因此以下我們分別以㈠志意抱負㈡個性氣質㈢遭遇處境這三方面來討論左思慷慨激昂、蒼涼悲壯這種風格所以形成的原因：

㈠志意抱負：左思在志意抱負上，與建安時代的曹植有許多極爲相近的地方。譬如曹植對自己的文才武略極爲自負。在薤露行這首自白式的詩中，他說：

「人居一世間，忽若風吹塵。願得展功勳，輸力於明君。懷此王佐才，慷慨獨不群。鱗介尊神龍，走獸尊麒麟。蟲獸猶知德，何況於士人。孔氏刪詩書，王業粲已分。騁我徑寸翰，流藻垂華芬。」

他非常自負的把自己比作出乎其類拔乎其萃的「王佐之才」，只要有機會，他一定能夠「戮力上國，流惠下民，建永世之業，流金石之功。」（註四十一）即使不能，退而求其次，他也一定能夠「騁我徑寸翰，流藻垂華芬。」同樣的，左思對他個人的才學知識也極爲自負，在詠史詩第一首中，他也跟曹植一樣以極爲誇張的口吻說：

「弱冠弄柔翰，卓犖觀群書，著論準過秦，作賦擬子虛。邊城苦鳴鏑，羽檄飛京都。雖非甲冑士，疇昔覽穰苴。」

除了五、六兩句「邊城苦鳴鏑，羽檄飛京都」外，幾乎每一句都在宣揚誇耀自己的才學和知識，其口氣內容幾乎與上面所引的曹植薤露行完全相同。由於對自己的才學感到高傲自負，因此表現在作品上自然就形成了「磊落使才」「意氣駿爽」的風格。〔註四十二〕其次，在志意抱負方面，曹、左二人也極爲相似。曹植一生最大的願望，是在「戮力上國，流惠下民，建永世之業，流金石之功。」因此，他在詩文中經常都流露出這種希望能夠建立功業報效國家的宏願。譬如他在自試表一文中曾意氣慷慨的陳詞說：

「使陛下出不世之詔，效臣錐刀之用，當一校之隊；若東屬大司馬，（案：指曹休）統偏師之任，必乘危蹈險，突刃觸鋒，爲士卒先。」

又說：

「必效須臾之捷，以滅終身之愧，使名掛史筆，事列朝策，雖身分蜀境，首懸吳闕，猶生之年也。」

在白馬篇這首詩中說：

「長驅蹈匈奴，左顧凌鮮卑。棄身鋒刃端，性命安可懷。……捐軀赴國難，視死忽如歸。」

在雜詩第五首中說：

「遠遊欲何之，吳國爲我仇。將騁萬里塗，東路安足由。江介多悲風，淮泗馳急流。願欲一輕濟，惜哉無方舟。閑居非吾志，甘心赴國憂。」

都表達了他那種殺敵報國視死如歸的英雄氣概和壯烈之情懷。同樣的左思在早年的時候，也有這股建功立業效命家國的豪情壯志，在他的作品中不時傾注淋離的奔瀉出來。譬如他在詠史詩第一首中說：

「長嘯激清風，志若無東吳。鉛刀貴一割，夢想騁良圖，左眄澄江湘，右盼定羌胡。」

詠史詩第三首中說：

「吾希段干木，偃息藩魏君。吾慕魯仲連，談笑却秦軍。」

如果我們把左思詠史詩第一首拿來跟曹植的雜詩、白馬篇這兩首詩兩兩對照著來閱讀的話，我們就可以發現這幾首詩不但在志意抱負上極爲接近，甚至於在句法的結構上也都有許多類似的地方。鍾嶸詩品說左思「其原出於公幹」，實際上，從上文所引的這許多例子看起來，顯然左思與曹植就內容、情性、風格、句法上而言，較諸劉楨，似乎有更多相似的地方。故文中子事君篇云：「君子哉，思王也，其文深以典。」以爲曹植詩有「深」「典」兩種風格，而鍾嶸詩品評左思詩云：「文典以怨，……雖野於陸機，而深於潘岳。」也認爲左思詩有「深」「典」這兩種特色，可見曹、左二人在風格上是如何相似而接近了。而左思爲太康諸家之中惟一能夠繼承建安詩風的一個詩人這個事實，在這個地方看起來，似乎也更爲眞實更爲明顯無疑。由於內心裡有這種崇高的理想、壯烈的情懷，因此表現在作品上也就自然而然的形成了那種激昂慷慨蒼涼悲壯的風格了。正如下列各家對左思所作的評論一樣：陳祚明采菽堂古詩選云：

「太沖一代偉人，胸次浩落，……其雄在才，而其高在志，有其才而無其志，語必虛憍，有其志而無其才，音難頓錯。」

吳琪六朝選詩定論云：

「左太沖若有見於孔顏用舍行藏之意，但其壯志勃勃，急於有爲，故氣象極似孟子。」

沈德潛說詩晬語云：

「左太沖拔出於衆流之中，胸次高曠，而筆力又足以達之，自應盡掩諸家。」

都非常明確的指出這種風格的形成，是由於「胸次浩落」「壯志勃勃」「其高在志」的關係。

(二)個性氣質：文心雕龍體性篇以爲造成風格之不同，有才、氣、學、習四種因素。但若就作品的風骨而言，個性實爲其中最重要的一個因素。前面我們說過左思作品有建安風力（骨），除了上述「慷慨壯烈的情懷」這個因素外，還有另外一個非常重要的因素，那就是作者的氣質個性。氣質的高低，個性的強弱，往往也就造成了風骨的強弱有無。鍾嶸詩品認爲左思其原出於公幹，當然因素很多，但其中最重要的一項，大概就是由於左思在氣質個性方面極爲近似劉楨的關係。案前文說過劉楨個性高傲，卓犖偏人，特立獨行，毫不隨俗，無論言行舉止，皆有其與衆不同之表現。故三國志王粲傳注引先賢行狀曾經說他「輕官忽祿，不耽世榮」，同時又引述典略上所記載的一件事來說明他那種獨立特行與衆不同的個性，其事如下：

「由是特爲諸公子所親愛，其後太子嘗請諸文學，酒酣坐歡，命夫人甄氏拜坐中，衆人咸服，而楨獨平視，太祖聞之，乃收楨減死輸作。」

可見在劉楨的質性中，不僅有「輕官忽祿，不耽世榮」這種淡泊的心志和超然的風格，同時還有「平視甄后」巍然獨立這種凌霜的傲骨和堅貞的志節。不妥協，不隨俗，不屈從，不媚世，只要是違背人情義理的事他都要抗爭到底，即使以此獲罪亦在所不惜。同樣的，左思在氣質個性方面，也有許多與劉楨相同或類似的地方。譬如晉書文苑傳上說他：「不好交遊，惟以閑居爲事，……齊王冏命爲記室督，辭疾不就。」（至於附會賈謐爲二十四友一事已辦於思想個性一節，此不贅述。）同時在他自己所作的詠史詩中也一再的表示說：「功成不受爵，長揖歸田廬。」「連璽耀前庭，比之猶浮雲。」這種視富貴如浮雲的心志跟劉楨「輕官忽祿，不耽世榮」的作爲比較起來的話，豈非完全相同？其次，如世說新語文學篇注引左思別傳上說他以「椒房自矜」，同時對當代的門閥社會和貴族政治施予猛烈之攻擊和咀咒，他這種高傲自負不肯屈從妥協的表現，跟劉楨「平視甄后」巍然獨立之個性，豈不是也有它極爲類似之處？由於兩者氣質個性相同，因此表現在作品上，風格自然也就極爲相似。故自古以來，凡評劉左二人之詩，未有不相提並論者。譬如：文心雕龍明詩篇云：「偏美則太沖公幹。」劉熙載詩概云：「劉公幹左太沖詩，壯而不悲。」鍾嶸詩品評左思詩亦云：「其原出於公幹。」其主要原因，一方面自然是由於「氣過其文，雕潤恨少」，〔註四十三〕而另外一方面也可能是由於兩者質性相同，故作品有相同之風格骨力耳。

㈢遭遇處境：建安時代的文人，在政治上大抵皆有追慕不朽乘時立業的理想和抱負，譬如曹操所說的「不戚年往，憂時不治」，〔註四十四〕曹植所說的「戮力上國，流惠下民」，陳琳所說的「建功不及時，鍾鼎何所銘」，〔註四十五〕王粲所說的「懼瓠瓜之徒懸兮，畏井渫之莫食」，〔註四十六〕以及後漢書孔融傳上所說的「負其高氣，志在靖乱」，莫不有報國立業之抱負和襟懷。但是由於「世積乱離，風衰俗怨」，〔註四十七〕一般文人在政治上得不到順適而如意的發展，於是對現實的政治和社會自然就產生了怨憤和不滿的情緒，譬如曹植贈白馬王彪之三云：

「鴟梟鳴衡軛，豺狼當路衢，蒼蠅間白黑，讒巧令親疏。」

當牆欲高行云：

「龍欲升天須浮雲，人之仕進待中人，衆口可以鑠金，讒言三至，慈母不親，憒憒俗間，不辨僞眞，願欲披心自說陳，君門以九重，道遠河無津。」

其憤怨之情，悲痛之音，可謂躍然於紙上，朗朗於言表，使人讀之，不覺隨其情感之激動而起伏上下，以其悲憤爲悲憤，苦悶爲苦悶。此外在徐、陳、應、劉、王、孔等各家作品之中，也都或多或少帶有這種幽怨、感傷、悲憤、不滿的情緒。其例煩多，不勝枚擧。同樣的，左思在遭遇處境上，跟建安時代的文人一樣，也有許多相同或類似之處。譬如左思胸懷大志博學多才，在他的內心裡一直都有「鉛刀貴一割，夢想騁良圖」「偃息藩魏君，談笑却秦軍」這種崇高的理想和遠大的抱負，但是由於出身卑微生長寒門，在「上品無寒門，下品無士族」這種嚴密而不合理的門閥制度下，雖然胸懷大志，博學多才，但却跟其他寒門出身的士人一樣，同遭貴族階級無情的壓抑、排斥、輕視和汚蔑，終其一生，都在失意困頓鬱鬱寡歡的情形下度過。因此使得他理想幻滅，壯志成空，則其內心之憤懣、怨恨、落拓、失意，自是可想可知。譬如他在詠史第二首中所說的：

「鬱鬱澗底松，離離山上苗。以彼徑寸莖，蔭此百尺條。世冑躡高位，英俊沈下僚。地勢使之然，由來非一朝。金張籍舊業，七葉珥漢貂。馮公豈不偉，白首不見招。」

詠史第四首中所說的：

「濟濟京城內，赫赫王侯居。冠蓋蔭四術，朱輪竟長衢。朝集金張館，暮宿許史廬。南鄰擊鐘磬，北里吹笙竽。寂寂楊子宅，門無卿相輿。」

詠史第五首中所說的：

「皓天舒白日，靈景耀神州。列宅紫宮裡，飛宇若雲浮。峨峨高門內，藹藹皆王侯，自非攀龍客，何爲欻來遊。」

外如第六首中所說的「高眄邈四海，豪右何足陳」。第七首中所說的「何世無奇才，遺之在草澤。」……等，幾乎處處都流露貫穿著這股幽怨憤懣的情緒，而形成了左思作品中極爲獨特的一種風格和情趣。而這種獨特的風格和情趣，也就是鍾嶸詩品中所說的「文典以怨」的怨字。就是由於在他的內心裡有著這股飽脹而急於想要諷諭表達的怨思，因此，使得左思的作品顯得更爲慷慨激昂，蒼涼悲壯，而令人有一種雄邁訐直之感。這是在其他太康詩人的身上所絕對無法找到的一種特質，因爲在其他太康詩人的生涯裏，沒有像左思一樣的身分地位，也沒有像左思一樣的遭遇處境，自然也就無法產生像左思一樣激昂慷慨、蒼莽悲壯、雄奇訐直的作品來了。反過來說，如果把這種特質從左思作品之中完全抽離的話，那麼左思作品的風格也必然會跟潘岳等人的作品一樣走上繁縟綺麗的道路，而毫無不同之處。由此可見，一個作家的遭遇和處境，對其作品的影響是如何的深鉅而重大了。

總而言之，由於左思在志意抱負、個性氣質、遭遇處境等各方面與建安詩人有許多相同或類似之處，因此表現在作品上自然也就跟建安時代的詩人一樣，賦有所謂「慷慨以任氣，磊落以使才」「志深而筆長，梗概而多氣」的這種相同的風格和特色了。而具有這種風格特色的詩歌，在我們中國文學史上却又是極爲可貴而難得的一種珍品。因爲我們中國的詩歌，自漢代以後，就一直深受楚辭的影響，而帶有極爲濃厚的楚辭色彩。因此大部分的作品，不是流於「兒女情多，風雲氣少」，〔註四十八〕便是「悽愴哀怨」，〔註四十九〕多「憂生之嗟」，〔註五十〕直到建安時期，由於「世積乱離，風衰俗怨」，而激起了時人乘時立業名揚後世的雄心壯志，因此才醞釀出「志深筆長」「梗概多氣」這種英雄氣概男兒本色的詩歌來。而左思由於才性、習氣皆與建安諸子同，故其作品在無形之中也有這種「磊落」「慷慨」的傾向。而他的作品在太康諸賢中之所以能夠「拔出衆流」〔註五十一〕「高出一時」〔註五十二〕，遠超潘陸諸人之上者，大概也就是由於左思在他的作品之中具有這種慷慨激昂蒼涼悲壯的風格和特色的關係吧！

二、古樸簡鍊的文辭

關於左思作品在文辭方面所表現的風格和特色，我們在上文文辭一節中已有詳細之論列，此處無須多加贅述。但爲了使讀者對左思作品在文辭方面所表現之風格和特色，有更深一層的了解和認識，因此下面這幾件事情我們也不能不提出來加以補充和說明：

㈠左思作品由於慷慨任氣，以詠懷爲主，而不以雕縟爲體，因此在文辭的風格上顯得蒼涼悲壯古樸自然。但如果我從另外一個角度來看的話，左思在語言文字的結構鍾鍊上，却又顯得極爲簡鍊精切，嚴密緊湊，譬如下面這幾首詩：

「皓天舒白日，靈景耀神州，列宅紫宮裡，飛宇若雲浮，峨峨皆王侯，自非攀龍客，何爲欻來遊。被褐出閶闔，高步追許由。振衣千仞岡，濯足萬里流。」——詠史詩之五

「杖策招隱士，荒塗橫古今。巖穴無結構，丘中有鳴琴。白雲停陰岡，丹葩耀陽林。石泉漱瓊瑤，纖鱗或浮沈。非必絲與竹，山水有清音。何事待嘯歌，灌木自悲吟。秋菊兼餱糧，幽蘭間重襟。躊躇足力煩，聊欲投吾簪。」——招隱詩之一

「秋風何冽冽，白露爲朝霜。柔條旦夕勁，綠葉日夜黃。明月出雲崖，曒曒流素光。披軒臨前庭，嗷嗷晨雁翔。高志局四海，塊然守空堂，壯齒不恆居，歲暮常慷慨。」——雜詩一首

其造詞之精，用字之鍊，結構之嚴，組織之密，寫景之切，情趣之高，活力之沛，實非太康諸人所能比。像「白雲停陰岡，丹葩耀陽林，石泉漱瓊瑤，纖鱗或浮沈。」「被褐出閶闔，高步追許

由，振衣千仞岡，濯足萬里流。」」這些整飭，精鍊的句子，不惟潘陸等人無此調，卽在盛唐諸公之中，亦不可多見。故王湘綺八代詩選眉批云：「太沖每用雙句，卽安仁亦無此調。」」鍾嶸詩品亦云：「文典以怨，頗爲精切。」皆以爲左思作品在文字的選擇運用上也非常講究精切的技巧和風格。但這裡所說的精切凝鍊，並不是指文辭表面上的美飾雕縟，而是指內容涵意上的凝聚和鍾鍊。故凝鍊的結果是更爲堅實精要，更爲剛健煥發。而不是雕繪滿眼，令人白晝讀之昏昏欲睡的「浮詞浪語」。（註五十三）就像潘陸等人的作品一樸，一味「排批敷衍」「厭飫膏澤」，雖極盡美飾雕琢之能事，但結果却反使作品陷於繁冗散漫之地，而不能裁制，正如陳明祚采菽堂古詩選所云：

「安仁，……每一涉筆，淋漓傾注，宛轉側折，旁寫曲訴，刺刺不能自休，……所嫌筆端繁冗，不能裁節，有遜樂府古詩含蘊不盡之妙耳。」

所評雖僅潘安仁一人，然陸士衡「才高詞贍，舉體華美」（註五十四）「辭務索廣」（註五十五）「患於太多」（註五十六），則其文辭之繁富冗雜，當更在潘安仁之上。而左思則不然，在文字的選擇運用上雖也講究精切錘鍊，但在作風上却仍能保持他那古樸自然之風，而不爲太康繁縟靡麗之辭所淹沒沈溺。除了上述個性氣質，志意抱負，遭遇處境等因素外，最主要的一個原因，大概跟他所主張、所崇尚的實證主義的文學觀有極爲密切的關係。案左思在其所著三都賦序中曾極爲明白的表示他對文學創作的看法，他說：

「且夫玉卮無當，雖寶非用，侈言無驗，則雖麗非經。余既慕二京而賦三都，其山川城邑，則稽之地圖，其鳥獸草木，則驗之方志。風謠歌舞，各附其俗，魁梧長者，莫非其舊。何則？發言爲詩者，詠其所志也，升高能賦者，頌其所見也。美物者，貴依其本，讚事者宜本其實。匪本匪實，覽者奚信？

他反對自司馬相如以來各家（如曹植、陸機等）對辭賦創作的見解—認爲辭賦只是惟美語文的一種表現，而主張要維護經學素來尊重事實的傳統精神。他認爲詩賦創作的目標，必須以「本」「實」二字爲依歸。否則徒事雕琢，而不顧實際的情形，則不論作品寫得如何侈麗，如何繁縟，也是無當於用，而爲覽者所不信。因此他主張過度誇張而不顧事實的描寫，也不鼓勵在實際上毫無必要的雕飾，而使詩賦喪失他原本的目的和意義。因此他在詩歌的創作上，雖然也努力的講求雕飾鍾鍊，就像文心雕龍神思篇上所說的：「鍊都於一紀」，才思篇上所說的：「業深覃思，盡銳於三都，拔萃於詠史，無遺力矣。」對三都賦詠史詩都曾不遺餘力從事於錘鍊雕飾的工夫，但却未因此而使他的作品像潘陸等人一樣，走上雕縟綺麗的道路上。其主要的原因，大概就是由於他有這種崇實務本的文學觀的緣故吧。

㈡由於左思有「慷慨悲壯之情懷」，「建功立業澄清天下」之志意抱負，「孤高自傲耿介自持的氣質個性」，「懷才不遇沉淪於下的遭遇處境」，使他的作品本來就具有一種非常爽朗明快質樸古拙的氣質，再加上用字古樸，鍊詞精切，因此使得他原本「質樸古拙」的氣質，變得更為「質樸古拙」，原本「爽朗明快」的風格，變得更為爽朗明快。左思的作品，一心一意的只想把他內心中所蘊藏的那一股強烈的情感傳達到讀者的身上，在辭采上不暇作太多的沒有必要的刻畫和修飾，因此他的作品在風格上自然就使人產生一種明快爽朗古樸自然之感。譬如詠史詩第三首：

「吾希段干木，偃息藩魏君。吾慕魯仲連，談笑却秦軍。當世貴不羈，遭難能解紛。功成不受賞，高節卓不群。臨組不肯紲，對珪寧肯分。連璽耀前庭，比之猶浮雲。」

詠史詩第六首云：

「荆軻飲燕市，酒酣氣益震，哀歌和漸離，謂若旁無人。雖無壯士節，與世亦殊倫。高眄邈四海，豪右何足陳。貴者雖自貴，視之若埃塵。賤者雖自賤，重之若千鈞。」

除了引用史事，借古諷今，略有轉折之外，無論抒情言志，都毫無隱瞞的表達了自己的情感和意願，而詞句却是明白如話，毫無雕飾，讀了之後，使人感到親切樸實，爽直明快，而他心中那一股激越慷慨之情，透過了平淡樸實直截了當的文字，却又不禁深深的感動了我們的心靈。許學夷詩源辨體評左思詩云：「太沖語多訐直。」所謂訐直，也許指的就是這種直截了當、爽朗明快而毫無雕飾的風格吧！雖然這種效果並不完全是由於這種樸素明快直截了當的文辭所造成，但是無疑的，就是由於有這種素樸拙直的配合與襯托，才使得這股慷慨激越的情感顯得更爲蒼勁有力，更爲悲壯雄邁。不像潘陸等人一樣，由於「尚規矩」「貴綺錯」（註五十七）一味「排比敷衍」（註五十八）模擬雕刻，不但使作品有繁蕪累贅之弊，而且也使情致被繁縟的文辭所隱蔽，而缺乏一種爽朗明快、直切感人的風趣。故文心雕龍體性篇云：「士衡矜重，故情繁而詞隱。」才略篇云：「陸機才欲窺深，辭務索廣，故深能入巧，而不制煩。」詩品云：「晉平原相陸機，尚規矩，貴綺錯，有傷直致之奇。」陳祚明采菽堂古詩選云：「（安仁）筆端繁冗，不能裁制，有遜樂府古詩含蘊不盡之妙耳。」黃子雲野鴻詩的云：「安仁情深而語冗繁。」如果把他們的作品拿來跟左思的作品作一比較的話，則一隱一顯，一繁一簡，一縟一樸，一散一凝，一冗一鍊，在風格的表現上可以說截然不同，而章太炎先生對他們三人所作的評語：「陸詩散漫，潘詩較整飭，畢竟不能及左思。」以爲陸詩散漫，左思嚴謹，可以說極爲簡要恰當。

㈢左思與古詩的關係：案鍾嶸詩品評左思云：「其原出於公幹。」評劉楨云：「其原出於古詩。」以爲劉楨左思二人皆出於古詩，而把他們都同歸於古詩這個源流，然則劉左二人跟古詩到底又有什麼相同之處呢？案鍾嶸詩品評古詩云：

「文溫以麗，意悲而遠，驚心動魄，可謂幾乎一字千金，……亦爲驚絕矣。」

又劉勰論古詩云：

「觀其結體散文，直而不野，宛轉附物，怊悵切情，實五言之冠冕也。」

可見古詩之特點有二：一爲「文溫以麗，意悲而遠。」一爲「結體散文，直而不野。」所謂「文溫以麗，意悲而遠」，也就是國風所說「溫柔譎諫」這種特色。所謂「結體散文，直而不野」。意卽文意古樸而不流於粗鄙。案劉楨詩「仗氣愛奇，動多振絕」「氣過其文，雕潤恨少」，正與古詩「意悲而遠」「直而不野」之風格相同。而左思詩在鍾嶸所作的評語中有「得諷諭之致」「野於陸機」二語，與古詩「文溫以麗」「直而不野」之風格亦有相同之處。關於「得諷諭之致」這個特色，我們將在下文中論及，此處無庸多加贅述。至於左思「野於陸機」,與古詩「直而不野」相似這一點，我們只要把下列所舉的這幾個例子兩兩加以比較對照，就可以曉得兩者之間在文字風格上，的確有其相同或類似之處：

△古詩十九首

「驅車策駑馬，遊戲宛與洛。洛中何鬱鬱，冠帶自相索。長衢羅夾巷，王侯多第宅。兩宮遙相望，雙闕百餘尺。極宴娛心意，戚戚何所迫。」

△左思詠史第四

「濟濟京城內，赫赫王侯居。冠蓋蔭四術，朱輪竟長衢。朝集金張館，暮宿許史廬，南鄰擊鍾磬，北里吹笙竽。」

詠史第五：

「列宅紫宮裡，飛宇若雲浮。峨峨高門內，藹藹皆王侯。自非攀龍客，何爲欻來遊。」

△古詩十九首

「明月皎夜光，促織鳴東壁。玉衡指孟多，衆星何歷歷，白露沾野草，時節忽復易。」

「迴風動地起，秋草萋已綠。四時更變化，歲暮一何速，晨風懷苦心，蟋蟀傷局促，蕩滌放情志，何爲自結束。」

△左思雜詩一首：

「秋風何冽冽，白露爲朝霜，柔條旦夕勁，綠葉日夜黃，明月出雲崖，皦皦流素光，披軒臨前庭，嗷嗷晨雁翔，高志局四海，塊然守空堂，壯齒不恆居，歲暮常慷慨。」

△古詩十九首

以「青青陵上柏，磊磊澗中石」二句起興

△左思詠史第二

則以「鬱鬱澗底松，離離山上苗」二句起興。（句法與古詩青青陵上柏一首完全相同。）

無論內容、、情景、風神、形貌、遣詞造句皆與古詩相同，其中尤以造句之古樸自然，筆致之蒼莽古拙，風神之遒勁儁爽最爲肖似，故沈德潛古詩源稱其「陶冶漢魏」（案魏係指建安，漢係指古詩）自製偉詞」，確爲敏銳深刻之論。

三、委婉諷諭的情致

由於左思具有蓬勃的壯志，遠大的抱負、矜持的賦性、悲壯的情懷、不遇的遭際，因此使他在作品上具有了如上文所述的「慷慨悲涼」「豪邁雄壯」的風格。但是他在技法上却採用了跟他那悲憤慷慨的怨氣幾乎完全相反的表達方式，作品上又形成了另外一種風格：這也就是鍾嶸詩品上所說的「文典以怨」的「典」字，「得諷諭之致」的「諷」字。現在我們就分別根據「諷」「典」二字的涵意來探討一下左思作品的風格：案諷，卽風字。詩經周南關雎序云：「詩有六義焉，一曰風；上以風化下，下以風刺上，主文而譎諫，言之者無罪，聞之者足以戒，故曰風。」箋云：「風化、風刺皆謂譬喻不直言也。」因此凡是用委婉譬喻溫柔譎諫而不直言之方式，以達成諷規勸戒之目的者，卽謂之「諷諭」。而所謂典字，案禮記樂記鄭玄注云：「典，經也。」詩周頌維清篇毛傳云：「典，法也。」漢書司馬相如傳下集注云：「典，則也。」又文心雕龍體性篇釋典雅一體云：「典雅者，鎔式經誥，方軌儒門者也。」據此可知，凡「取鎔經意」「方軌儒門」而又能合於經典法則之言者，皆謂之典。而鍾嶸評左思詩云：「文典以怨，頗爲精切，得諷諭之致。」以爲左思作品除了「怨」字之外，尙有「典」「諷」這兩種特色。然而鍾嶸詩品到底是從何處看出左思的作品具有「典」「諷」這兩種特色呢？關於這一點，我們也許從他作品表達情意的方式上找到它正確的答案。

案左思詩共十四首，除嬌女、悼離贈妹三首外，其餘十一首皆爲詠懷述志之作。而十一首之中：雜詩一首，招隱二首，詠史八首。除雜詩、招隱三首係因事起興直抒懷抱外，其餘詠史八首，與託不群，首尾一氣，都有它共同的一個特徵：那就是「借古諷今」「以史抒懷」這八個字。換而言之，也就是說：詠史詩表達情意的方式，並不是毫無隱瞞的直抒懷抱，而是間接的借用古人古事作爲媒介，來抒發他個人的情感和理想。因此就其內容取材上而言，它所引述的史事人物大抵都是出自於吾人所熟知的經史典籍，而且在遣辭造句方面又都與內容題材一樣具有典雅含蓄這種風格的傾向。故鍾嶸詩品稱左思作品爲「典」，可能就是著眼在上面所說的這兩個因素上，但由於「典」字有「典雅含蓄」之意，與下文所欲論述之「諷」字，頗有異曲同工之妙，故此處合併稱之爲委婉諷諭之情致。

其次，就其表達的方式而言，一方面由於它「借古諷今」，透過史實人物的歌詠和描寫，來表達喻託他個人的理想和情感，因此使他所要喻託表達的理想和情感，經過史實人物的歌詠和描寫這層諷託興喻的轉折之後，變得更爲委婉含蓄，因此使他的作品產生了如文心雕龍宗經篇中所說的「溫柔譎喻」這種情致和韻味。另外一方面，由於他在作品中經常使用比興的手法來創造意象，引發情志，因此使其「溫柔譎喻」之情致，更有委婉精切、含蓄不盡之妙，以下我們就分別從這兩方面來探討一下左思的作品：

在詠史八首之中，直接以第一人稱之方式表達者，只有一、五兩首，而其餘六首皆借古人古事以第三人稱之方式表達。譬如㈠他對人生一直都存有「建功立業」「功成身退」這種崇高而偉大的理想和抱負，但他却沒有使用直述的方式把它明白的表達在詞句上，而是曲折的假借段干木和魯仲連二人「遭難能解紛，功成恥受賞」〔註五十九〕這種偉大的功勳和志節，來說明自己的志向和理想。因此使他所要表達的理想和情感，顯得更爲委婉曲折，含蓄不露。㈡又如他對當代所施行的「士族政治」和「門閥制度」雖然表示極端的憤恨不平，但同樣的，他也沒有用直述的方式來表達他這分情感，譬如第二首：「金張藉舊業，七葉珥漢貂。馮公豈不偉，白首不見招。」他以「七葉珥漢貂」的金張二氏來暗喻當代豪右貴族，以「白首不見招」的馮唐來暗喻自己的微賤不遇，寫的雖然是漢朝時候的事情，但表達却是他內心對「士族政治」「門閥社會」所感受到的那股怨憤不平之氣，把自己內心那股怨憤不平的情感，投向遙遠的歷史之中，借情境相同的史實和人物把它委婉曲折的表達出來，使人產生似實還虛那種撲朔迷離的感覺，這種「言在此而意在彼」的風格，難道不正是上述「譬喩而不直言」這種委婉諷諭情致的表現嗎？其次又如第四首：「寂寂揚子宅，門無卿相輿。寥寥空宇中，所講在玄虛。言論準宣尼，辭賦擬相如，悠悠百世後，英名擅八區。」他以揚雄寂寞貧賤的生活來象徵自己困厄的遭遇和處境，以揚雄講論著述的事業來寄託自己「達則立功，窮則立言」的志向。透過對揚雄的描寫和歌詠，隱隱約約的可以看出他對時代的不滿，和退而求其次那種無可奈何的心境。但他表達的方式却是間接的、寄託的、宛轉而諷諭的。此外，又如他對當代那些「碌碌豪右，自託攀龍者」（註六十）雖然表示極端的蔑視和不屑，而在詠史第六首非常高傲的宣言說：「高眄邈四海，豪右何足陳。貴者雖自貴，視之若埃塵。賤者雖自賤，重之若千鈞。」但他這種情感還是靠歷史中的人物和故事來表達，不但使他所創作的形象具體鮮明，而且經過歷史人物和故事的引渡和掩飾，亦頗有虛實相生之妙。㈣又如他對自己懷才不遇的遭際雖然深感惋恨，但他却能夠借歷史上的故事和人物的歌詠和描寫，不露形迹的來寬慰自己或警惕自己。譬如第七首，在敘述過主父偃、朱買臣、陳平、司馬相如等人困厄未遇的情形之後，他曾以無比感慨的口吻發表議論說：「英雄有迍邅，由來自古昔。何世無奇才，遺之在草澤。」表面上是就史事發表議論，但實際上，他是借此來寬慰自己，以爲古來被遺棄埋沒在草澤之中的奇才，正復不少，而我如今生當士族橫行之世，又何能例外？同樣的第八首是在敘述「蘇秦北遊說、李斯西上書。俛仰生榮華，咄嗟復彫枯。」的事迹後，對自己或讀者鄭重的提出警告說：「飲河期滿復，貴足不願餘。巢林棲一枝，可爲達士模。」暗示自己在這混乱的世局中，應當採取何種生活態度，始爲得當。兩者都是把自己融會在史實之中，借史實的描寫，不露痕迹的表達了自己的人生態度，可謂極盡委婉諷諫之能事。

除此之外，左思在作品中又經常使用「比」「興」這兩種手法來表達情志和理想，因此使他在作品風格上本已具有的那種「委婉諷諭的情致」，顯得更爲明顯而深刻。譬如詠史詩第二首云：「鬱鬱澗底松，離離山上苗。以彼徑寸莖，蔭此百尺條。」用高大而茂盛的「澗底松」來比喻沉淪於下的才智之士，以短小而雜乱的「山上苗」來比喻「豪右權貴」，同時又興起下文，滋味無窮。頗有「起情」「託諷」的作用和效果。（註六十一）因此可以把它當作比，也可以把它當作興。又如第八首云：「習習籠中鳥，擧翮觸四隅。落落窮巷士，抱影守空廬。」以「擧翮觸四隅」之「籠中鳥」來比喻「抱影守空廬」之「窮巷士」。同上「出門無通路，枳棘寒中塗，計策棄不收，塊若枯池魚。」以到處荆棘寸步難行和孤獨無助的枯池魚來比喻他自己艱危而困難的處境。又如雜詩云：「披軒臨前庭，嗷嗷晨雁翔，高志局四海，塊然守空堂。」以晨雁之翺翔自如來反喻自己的局促困厄。以上都是使用「比」法的例子。其次如詠史第五首云：「皓天舒白日，靈景耀神州。列宅紫宮裡，飛宇若雲浮。峨峨高門內，藹藹皆王侯。自非攀龍客，何爲欻來遊？」「皓天舒白日，靈景耀神州」二句表面上是寫景，與下文毫無關係，但實際上他是一方面假借耀眼陽光的照射，來襯托映現王侯貴族富麗而豪華的門第和權勢。而另外一方面，他却是借此景象來暗示朝廷用人之不公，選才之不當。因爲光明而耀眼的陽光，本應大公無私的照耀在整個大地上，使萬事萬物皆能同蒙其到同受其惠才對，然而現在却只有王侯貴族所居住的「飛宇」和「紫宮」才能幸運的享受到這分權益，在它的眷顧和照耀下，放出瑰麗無比的光采來，這是多麼不公而又令人氣憤的事情啊！涵意雖然不十分明顯，但只要我們仔細品味，自然能體會出這層深微奧妙的滋味和涵意來。這就是所謂「興」。又如雜詩云：「秋風何冽冽，白露爲朝霜。柔條旦夕勁，綠葉日夜黃。明月出雲崖，皦皦流素光。披軒臨前庭，嗷嗷晨雁翔。高志局四海，塊然守空堂。壯齒不恒居，歲暮常慷慨。」秋風何冽冽以下四句，表面上似乎是描寫秋天葉落草衰那種瀟條淒涼的景色，但實際上他却是想借此景象隱喻他晚年「壯志成空，年華已逝」後，內心莫可奈何無法排遣的那種落寞悽涼的情景。此種象徵和暗示所隱含之意，直到全詩最後方以「壯齒不恒居，歲暮常慷慨」二語作結，使其慷慨悲壯之情景昇至最高頂點，然後突然收筆，使人產生頓挫廻盪含蘊不盡之妙，這也是使用「興」的手法所產生的一種功效。由於左思常用比興的手法，因此使他的作品自然而然的具有當代詩人極爲缺乏的一種深遠的意趣，故鍾嶸詩品評其詩云：「深於潘岳。」

由於左思在稟性氣質上有崇高的理想，宏偉的壯志，孤高的個性，慷慨的情懷，因此使他的作品具有豪放悲壯的傾向。但在表達的方式上，却又「借古諷今」「以史抒懷」，多用比興，婉轉譬喻，因此又使他的作品具有委婉諷諭含蓄不露之情致。這兩種幾乎完全相反的風格同時集中在一個人的身上，而又能作適當而巧妙的融合和安排。因此使其作品產生了繁富而多樣性的韻味：一方面顯得「慷慨悲憤」「揮灑」「流麗」。（註六十二）另外一方面却又顯得沈鬱頓錯含蘊不盡。因為慷慨悲憤的情緒在內容上是屬於揚的性質，委婉諷諭的表現手法在形式上則是屬於抑的性質。一抑一揚，一高一低，一進一退，自然就形成了這種揮灑頓挫，「錯綜震盪」〔註六十三〕的風格來了。王壬秋八代詩選眉批左思詩云：「太沖詩亦追險勁，而多托以興，加之頓錯，無直致之處。」雖寥寥數語，於太沖詩體會之深切妥貼，眞可謂一針見血，深中肯綮。

四、誠摯感情之反映

意識和情感是作品價直衡量的標準，意識情感愈眞摯，作品價值就愈高。故李辰冬先生在他的文學新論〔註六十四〕這本書中說：「文學價值的高低，決定於作家意識的眞摯與否，而作家意識的眞摯與否，則由於作家人格的是否一致。」又說：「意識是作者的思想透過實踐後所激出的情感，……追求理想的意志愈強，則生活的感受也愈深，那麼他的意識也就愈眞摯。意識愈眞摯，作品也就愈深刻，作品愈深刻，作品的價值也就愈大。」就一般的情形而言，這是頗有涵蓋性和效驗性的一個原則。左思作品之所以能夠「錯綜震盪，逸氣干雲」〔註六十五〕而為千秋絕唱者。〔註六十六〕主要的原因就是由於他的情感和意識都非常眞摯的緣故。譬如他有「左眄澄江湘，右盼定羌胡，功成不受爵，長揖歸田廬」這種崇高的理想和壯志。但是却不幸生長在「世胄躡高位，英俊沈下僚」「上品無寒門，下品無士族」這種門閥制度壟斷一切的時代裏，為了衝破門閥制度對他所造成的壓抑和限制，他曾經作過各種努力和嘗試，但最後却都一一歸於失敗，因此使他對這種不合理的制度和社會感到無比的怨憤和不滿，但他却沒有像普通一般人一樣，把這股怨憤不滿的情緒隱藏在自己的內心裡，然後設法的去迎合它、適應它，甚至於鑽營苟且，望塵而拜，無所不至，以求在他那個社會裏獲得一個生存發展的機會。他在努力掙扎失敗了之後，一直都非常尊嚴的過著「專意典籍」（註六十七）隱居山林的生活，把他滿腔的怨憤和不滿的情緒，坦率眞摯毫無隱藏的宣洩在他的作品中。他在作品中所描寫、所歌詠的，都是他在現實生活中所遭遇到、所體會到和所感受到的，一點兒都沒有虛僞不實或言不由衷的地方。譬如他在詠史詩中旁若無人的對自己的才學、理想、抱負、志向所作的敘述和告白，對門閥制度所作的抗議和咀咒，對豪右貴族尸位素餐所表示的輕蔑和憤恨，對理想壯志無法實現所感到的苦悶和絕望，從「俛仰榮華」「咄嗟凋枯」的人生所領悟的知足和達生，以及理想幻滅後，歸返自然的願望，……等等，這些情感和意識，都是從崇高的理想，堅強的意志，實踐的努力，現實的壓抑，苦悶的掙扎，……等實際生活的挫敗之中所激發出來的，更爲難得的是：他人格高尙，言行一致，心裡怎樣想，就怎樣做，怎樣說。因此情感意識顯得特別眞實而懇摯，由於眞實而懇摯，因此感人也就特別深遠而有力了。如果我們把潘陸等人的作品和言行拿來跟左思作一比較的話，那就更能顯示出左思作品這種眞摯風格的可貴之處了。首先讓我們來看看晉書陸機傳對陸機生平所作的記載：

「至太康末，與弟雲俱入洛，造太常張華，……張華薦之諸公，後太傅楊駿辟爲祭酒，會駿誅，累遷太子洗馬、著作郎，……吳王晏出鎮淮南，以機爲郎中令，遷尚書中兵郎，轉殿中郎。趙王倫輔政，引爲相國參軍，豫誅賈謐有功，賜爵關中侯，倫將篡位，以爲中書郎。倫之誅也，齊王冏以機職在中書，九錫文及禪詔，疑機與焉。遂收機等九人付廷尉，賴成都王穎吳王晏並救理之，得減死徙邊，遇赦而止。……冏既矜功自伐，受爵不讓，……而竟以敗。……時成都王穎推功不居，勞謙下士，機既感全濟之恩，又見朝廷屢有變難，謂穎必能康隆晉室，遂委身焉。穎以機參大將軍軍事，表爲平原內史，……長沙王乂奉天子與機戰於鹿苑，機軍大敗。……（孟）超宣言於衆曰：『陸機將反。』又還書於「孟」玖，言機持兩端，軍不速決。及戰，超不受機節度，輕兵獨進而沒。玖疑機殺之，遂譖機於穎，言其有異，……穎大怒，使（牽）秀密收機。遂遇害於軍。」

由上所述，可見陸機的一生，一直就是一個「好遊權門」（註六十八）熱衷功名的人物。他從太康十年入洛，（註六十九）至太安二年爲成都王穎所殺，十四年中，曾先後依附過楊駿、賈謐、趙王倫、成都王穎等歷次政變成功後獲掌政權的人物，同時爲了能夠早日實現他富貴利達的美夢，他竟罔顧道義毫無原則的做出了像「豫誅賈謐」和爲趙王倫草擬「九錫文及禪詔」等爲人人所厭惡不恥的事情來。此外他在作品中，又絞盡腦汁挖空心思的寫了許多「舉體華美」（註七十）雕繪滿眼的應酬詩來，譬如：「答賈長淵詩」、「園葵詩」、（註七十一）「吳王郎中時從陳梁作」、「贈馮文羆」、「答張士然」、「祖道畢雍孫邊仲潘正叔」、「贈顧令文爲宜春令」、「贈武昌太守夏少明」、「皇太子宴玄圃宣猶堂有令賦詩」、「皇太子賜宴詩」……等，其主要作用不外是想藉此頌揚拉攏與他利祿前途有關的人物，以求獲得一個進身之階而已。由此可見他的爲人是如何急切而浮躁，其追求功名利祿之心理是如何迫切而熾熱。以他這種個性、心理、作爲，實在沒有任何理由產生退隱的觀念和作爲，同時我們在他實際的生活中，也絲毫看不出他有任何隱居和高蹈的迹象。但我們在他的作品中却經常可以發現他有歸隱之思。譬如贈潘尼一首云：

「水會於海，雲翔於天。道之所混，孰後孰先。及子雖殊，同升大玄。舍彼玄冕，襲此雲冠。遺情市朝，永志丘園。靜猶幽谷，動若揮蘭。」

招隱詩二首之一云：

「明發心不夷，振衣聊躑躅。躑躅欲何之，幽人在浚谷。朝采南澗藻，夕息西山足。輕條象雲構，密葉承翠幄。激楚佇蘭林，回芳薄秀木。山溜何泠泠，飛泉漱鳴玉。哀音附靈波，頹響赴曾曲。至樂非有假，安事澆淳樸。富貴苟難圖，稅駕從所欲。」

他一方面以清高自許，而大作其招隱之詩，說什麼「舍其玄冕，襲此雲冠」「至樂非有假」「稅駕從所欲」，但另外一方面却又極力的周旋於權貴之間，不擇手段的追求功名富貴，最後甚至爲了追求功名富貴，而斷送了他寶貴的生命，使千載之後，論其事者尚爲之惋惜不已。可見他想要隱居山林高蹈塵外的這番話，完全是一派違心之言，並不是從他內心裡所發出來的話。由於言行不一致，無法激出真摯而深厚的感情和意識，因此也無法產生深刻而感人的作品。陸機的作品之所以有「呆板」「無足觀」之譏，〔註七十二〕也許就是由於他在作品之中，只知一味逞其才華，而不能流露其眞摯而深厚的感情的緣故吧。除此之外，如果我們把陸機的作品作一大略的統計和分析的話，我們也約略可以看出這個特點和傾向來。案陸機作品據全晉詩所載共有一百零四首，其中應酬詩二十七首，擬古詩十二首，樂府詩三十八首，三項合計七十七首，占全詩75%弱，案應酬詩多係應酬頌揚之作，缺乏眞摯之情感，自是意料中事。而擬古詩，「束身奉古，亦步亦趨，在法必安，選言亦雅，思無越畔，語無溢幅。」〔註七十三〕樂府詩，「一味排比敷衍，間多硬句，且踵前人步伐。」〔註七十四〕其不能流露眞摯之情感，自然也是意料中之事。在一百零四首作品中，有百分之七十五以上是屬於不能流露眞性情的應酬詩、樂府詩，則陸機詩是如何缺乏眞摯深厚之情感，自是可想而知了，故沈德潛古詩源云：

「士衡名將之後，破國亡家，稱情而言，必多哀思，乃詞旨敷淺，但工塗澤，復何貴乎？」

陳祚明采菽堂古詩選云：

「至於述志贈答，皆不及情。夫破亡之餘，辭家遠宦，若以流離爲感，則悲有千條；倘懷甄錄之欣，亦幸逢一旦。哀樂兩端，易得淋漓，乃敷旨淺庸，性情不出。豈餘生之遭難，畏出口以招尤，故抑志就平，意滿不叙，若脫韝之鷹，初放微波，圍圉未舒，有懷難展乎？大較衷情本淺，乏於激昂者矣。」

均以爲陸機作品只知賣弄才華雕章琢句，而不能流露眞情感，雖說與其時代特殊有關。（註七十五）然其作品不能流露眞性情一事，在中國文學上已成千古不移之定論，實無庸爲其多所廻護。

其次，我們再來看看潘岳生平在晉書中所作之記載：

「楊駿輔政，高選吏佐，引岳爲太傅主簿。駿誅，除名。……岳性輕躁，趨世利，與石崇等詔事賈謐，每侯其出，與崇輒望塵而拜。構愍懷之文，岳之辭也。謐二十四友，岳爲其首。……及趙王倫輔政，秀爲中書令……遂誣岳及石崇歐陽建謀奉淮南王允、齊王冏爲亂，誅之，夷三族。」

可見潘岳好遊權門熱衷功名的個性，較之陸機，更有過之而無不及。他曾先後依附過賈充、楊駿、賈謐，而爲賈謐二十四友之首，無不極盡委屈詔媚之能事。其奴顏卑膝鞠躬如也之醜態，卽使習於此道之陸機，亦往往不屑於其所爲。如續談助引裴子語林云：「士衡在座，安仁來，陸便起去。潘曰：『清風至，塵飛揚。』陸應聲答曰：『衆鳥至，鳳凰翔。』」可見其追求功名利祿之慾念是如何的殷切而熾熱。其人格之庸下卑劣，又是如何的爲人所不恥。但他在閑居賦一文中，對江湖山藪和隱逸生活却又表示無限的嚮往和羨慕：

「於是覽止足之分，庶浮雲之志，築室種樹，逍遙自得，池沼足以漁釣，舂稅足以代耕，灌園粥蔬，以供朝夕之膳，牧羊酪酪，以俟伏臘之費，……乃作閑居賦，以歌事遂情焉。」

如果把他這段文章拿來跟晉書本傳上所作的記載對照著來閱讀的話，我們就可以發見，他在這篇文章中所流露出來的感情，是多麼的虛僞造作而言不由衷啊！故元遺山論詩絕句批評他說：「心畫心聲總失眞，文章仍復見爲人，高情千古閑居賦，爭信安仁拜路塵。」像這種缺乏眞情的作品，無論寫得多麼繽紛華美，也很難使得我們的心靈受到眞正的感動，因爲不眞而欲其善美，這是無論如何都無法辦到的事。又據晉書本傳上所載：

「岳才名蓋世，爲衆所疾，遂棲遲十年，出爲河陽令，負其才而鬱鬱不得志。時尙書僕射山濤領吏部，王濟裴楷並爲帝所親遇。岳內非之，乃題閣道爲謠曰：『閣道東，有大牛，王濟鞅，裴楷鞧，和嶠刺促不得休。』轉懷縣。」

當他被外放到河陽懷縣爲縣令的時候，據本傳上的記載，明明說他「負其才而鬱鬱不得志」，甚而「題閣道爲謠」，來譏刺當道主政的那些君子，可見他的內心對那些當道的人物是如何的痛恨而怨望。但他在懷縣作二首中却說：

「虛薄乏時用，位微名日卑。驅役宰兩邑，政績竟無施。自我違京輦，四載迄於今。器非廊廟才，屢出固其宜。」

認爲都是因爲自己「虛簿乏時用」「器非廊廟才」，才會屢遭外放，弄到「驅役宰兩邑」「位微名日卑」的這種地步，這完全要怪自己，怨不得別人。在語氣上是多麼的溫和委婉，在態度上又是多麼謙沖和藹，但實際上的情形又是如何呢？只要我們看一看晉書本傳上所作的記載，就可以曉得根本就不是這麼回事。由此可見潘岳的作品在感情上是多麼矯揉造作，是多麼的虛僞不實，故王船山古評評選評其詩云：「音容噓囁」，眞可謂一語道破。

但左思的作品却並不如此。他言行一致，人格意識也沒有什麼矛盾衝突的地方。同時他在作品中所表達的情感和意識，我們似乎也都可以從他的傳記中找到相當的證據。譬如他在詠史詩中曾一再宣揚自己的才學說：「弱冠弄柔翰，卓犖觀群書，著論準過秦，作賦擬子虛。」而晉書本傳上也說他「兼善陰陽之術而辭藻壯麗」，可見他對自我才學所作的描述實在一點兒都沒有虛浮不實之處。又如他在詠史八首中自述其理想和抱負說：「功成不受爵，長揖歸田廬。」雖然我們不敢斷言：他在功成之後，是否一會照著自己所說的話去做。但從下列晉書本傳上對他所做的記載：「不好交遊，惟以閑居爲事，……退居宜春里，專意典籍，齊王冏命爲記室督，辭疾不就。」可見他在詠史八首中對自己的理想和抱負所說的那一番話，絕非徒托空言，信口說說而已。又譬如他對當代的政治和社會不滿，他便直截而強烈的把這股不滿的情緒反映在他的作品中，絲毫都不肯妥協屈服，而且又能貫澈始終，一直到他晚年的時候，他還挺立不屈，高唱著「高志局四海，塊然守空堂，壯齒不恆居，歲暮常慷慨」這種憤憤不平的調子，大有「烈士暮年，壯心未已」的味道，這種眞摯的情感，壯烈的情懷，高潔的人格，無論如何都是無法從潘陸等人的作品中找到的。因爲言行不一致，就無法產生眞摯而深厚的意識和情感，沒有眞摯而深厚的意識和情感，自然也就無法產生深刻而雄偉的作品。左思作品之所以能夠超越同儕雄視古今而爲千古絕唱，大概也就是由於他具有這種異於同代詩人的眞摯而深厚的意識和情感的緣故吧。故成書倬多歲堂古詩存卷四云：「太康詩，二陸才不勝情，二潘才情俱減，情深而才大者，左太沖一人而已。」獨以情深許太沖，眞可以說是「千古知音」「隻眼獨具」了。

〔註　一〕：鍾嶸詩品評陸機語。

〔註　二〕：陳祚明采菽堂古詩選評潘岳語。

〔註　三〕：如嵇康幽憤詩、酒會詩、贈秀才入軍詩，陶淵明停雲，時運、榮木等作。

〔註　四〕：左思詠史詩第一首。

〔註　五〕：詠史詩目前所遺留下來的，除丁福保全晉詩中所收八首之外，尙有北堂書抄一百一十九武功部所收的以詠史爲題的逸詩四句：「梁習仕魏郎，秦兵不敢出。李牧爲趙將，疆場得清謐。」

〔註　六〕：荀悅漢紀。

〔註　七〕：鍾嶸詩品評班固詩云：「孟堅才流，而老于掌故，觀其詠史，有感歎之辭。」

〔註　八〕：晉書石崇傳。

〔註　九〕：晉書潘岳傳。

〔註　十〕：晉書賈謐傳。

〔註十一〕：石崇思歸引序。

〔註十二〕：潘岳閑居賦。

〔註十三〕：文選李善注。

〔註十四〕：左陸雖曾同爲賈謐二十四友之一，但在文獻上，却從未留下任何親密交往之痕迹。

〔註十五〕：左思詠史之六云：「豪右何足陳，高眄邈四海。」又晉書文苑傳：「初陸機入洛，欲爲此賦（三都賦），聞思作之，撫掌而笑，與弟雲書曰：『此間有傖父欲作三都賦，須其成，當以覆酒甕耳。』」

〔註十六〕：文選左思招隱第二首云：「經始東山廬，果下自成榛。」善注引王隱晉書曰：「左思徙居洛城東，作經始東山廬詩。」

〔註十七〕：王世貞帶經堂詩話云：「迨元嘉間，謝康樂出，始創爲刻畫山水之詞，務窮幽極渺，抉山谷水泉之情狀，昔人所云：『莊老告退，山水方滋。』者也。宋齊以下，率以康樂爲宗。」

〔註十八〕：見洪順隆著六朝詩論五十五頁至五十八頁。

〔註十九〕：文史哲學報林文月南朝宮體詩研究。

〔註二十〕：鍾嶸詩品評曹植語。

〔註二十一〕：同上評陸機語。
〔註二十二〕：同上評潘岳語。
〔註二十三〕：同上評張協語。
〔註二十四〕：同上評謝靈運語。
〔註二十五〕：同上評曹丕語。
〔註二十六〕：同上評陶潛語。
〔註二十七〕：同上評鮑照語。
〔註二十八〕：同上評曹操語。
〔註二十九〕：同上評陳思王曹植云：「嗟乎！陳思之於文章，譬如人倫之有周孔，鱗羽之有龍鳳，音樂之有琴笙，女工之有黼黻，俾爾懷鉛吮墨者，抱篇章而景慕，映餘暉以自燭，故孔氏之門如用詩，則公幹升堂，思王入室，景陽潘陸自可坐於廊廡之間矣。」
〔註三　十〕：文心雕龍明詩篇。
〔註三十一〕：原文爲不貴綺錯，此案韓人車柱環氏詩品校證改。
〔註三十二〕：文心雕龍明詩篇。
〔註三十三〕：沈德潛古詩源。
〔註三十四〕：文心雕龍麗辭篇：「麗辭之體，凡有四對。言對爲易，事對爲難，反對爲優，正對爲劣。言對者，雙比空辭者也。事對者，並舉人驗者也。反對者，理殊趣合者也。正對者，事異義同者也。」

〔註三十五〕：詳見廖蔚卿論陸機的詩一文。
〔註三十六〕：晉書王戎傳。
〔註三十七〕：文心雕龍時序篇。
〔註三十八〕：見青木正兒中國文學思想史綱及廖蔚卿鍾嶸詩品析論。
〔註三十九〕：詩品評曹植語。
〔註四　十〕：詩品評劉楨語。
〔註四十一〕：曹植求自試表。
〔註四十二〕：文心雕龍風骨篇。
〔註四十三〕：詩品評劉楨語。
〔註四十四〕：曹操秋胡行。
〔註四十五〕：陳琳遊覽二首之一。
〔註四十六〕：王粲登樓賦。
〔註四十七〕：文心雕龍時序篇。
〔註四十八〕：詩品評張協語。
〔註四十九〕：詩品評李陵語。
〔註五　十〕：阮籍詠懷詩顏延年注。
〔註五十一〕：沈德潛說詩晬語評左思語。
〔註五十二〕：嚴羽滄浪詩話評左思語。

〔註五十三〕：陸時雍詩境總論評潘岳語。
〔註五十四〕：詩品評陸機語。
〔註五十五〕：文心雕龍體性篇。
〔註五十六〕：世說新語文學篇注引文章傳。
〔註五十七〕：案詩品原文為「不貴綺錯」，今案韓人車柱環詩品校證本改。
〔註五十八〕：黃子雲野鴻詩的評陸機語。
〔註五十九〕：左思詠史第三首。
〔註六　十〕：何義門讀書記。
〔註六十一〕：文心雕龍比興篇。
〔註六十二〕：揮灑，何義門讀書記評左思詠史云：「八首一氣，揮灑、激昂、頓錯。」流麗，陳祚明采菽堂古詩選：「太沖一代偉人，……似孟德而加以流麗，倣子建而獨能簡貴。」
〔註六十三〕：胡應麟詩藪評左思語。
〔註六十四〕：第四章文學的價值。
〔註六十五〕：胡應麟詩藪評左思語。
〔註六十六〕：沈德潛古詩源評左思語。
〔註六十七〕：晉書文苑傳。
〔註六十八〕：晉書陸機傳：「其為人所推服如此，然好遊權門，與賈謐親善，以進取獲譏。」
〔註六十九〕：姜寅清陸機年譜。

〔註七　十〕：詩品評陸機語。
〔註七十一〕：園葵詩以隱喩方式讚美成都王穎。
〔註七十二〕：呆板，李重華貞一齋詩話評陸機語。無足觀，黃子雲野鴻詩的評陸機語。
〔註七十三〕：陳祚明采菽堂古詩選評陸機語。
〔註七十四〕：黃子雲野鴻詩的評陸機語。
〔註七十五〕：廖蔚卿論陸機的詩一文云：「沈德潛說：『以名將之後，破國亡家必多哀怨，乃詞旨敷淺，但工塗澤，復何貴乎？』這一評語，是未顧慮到時代特性的緣故。因爲西晉政治以大族爲其基構，而東吳政權，原也建築在朱張顧陸等大族的擁戴。東吳的滅亡，不是亡於另一民族，僅是分割後的統一及孫氏政權的被兼併，因而陸機在吳亡之後，所遭受到的，是陸氏門第在司馬氏政府的被排斥。而非當權異種民族的政治迫害。由辨亡論中，即可看出他傷感的不是國家民族，而是陸氏功業所構成的位望，所以陸機詩中，只有門族之怨，而無國族之悲。」

第五章　左思詩的影響

左思的作品爲數不多，但是由於能超越時代承上啓下，〔註一〕而且在題材的運用和開拓上，都有其相當的貢獻和創革，因此對後世某些詩體的發展，頗能產生一些實質上的影響。其中較爲顯著者約有三類：㈠招隱詩㈡嬌女詩㈢詠史詩，關於前二者，吾人於內容一節中已有詳細之論列，此處無庸多加複贅。以下我們僅就詠史詩這個範圍來加以探討，看一看左思的作品對後世詩家到底曾經產生一些什麼樣的影響。首先讓我們來看看跟左思同一個時代的詩人三張之一的張協所作的一首詠史詩：

「昔在西京時，朝野多歡娛。藹藹在都門，群公祖二疏。朱軒耀金城，供帳臨長衢。達人知止足，遺榮忽如無。抽簪解朝衣，散髮歸海隅。行文爲隕涕，賢哉此大夫。揮金樂當年，歲暮不留儲。顧謂四座賓，多財爲累愚。清風激萬代，名與天壤具。咄此蟬冕客，君書宜見書。」

案晉書本傳上對張協生平所作的記載：「辟公府掾，轉秘書郎，遷中書郎，轉河間內史，在郡清簡寡欲，于時天下已亂，所在寇盜，協遂棄絕人事，屏居草澤，守道不競，以屬詠自娛。永嘉初，復徵爲黃門侍郎，託疾不就，終於家。」以及文選六臣對本詩所作的注解：「協見朝廷貪祿位者衆，故詠此詩以刺之。」可見張協作此詩之目的，一方面是在嘲笑那些終日作著騰達美夢的「蟬冕客」，另外一方面却是想藉此表明他的人生態度。但這首詩在內容的表達上，却是從頭到尾都是在鋪述歌詠著二疏（疏廣、疏受）辭官歸隱高蹈林外的故事，具有極爲濃厚的故事性，而詩歌的主題反而深深的隱藏在人物故事的背後，其性質與漢魏以前所作之詠史詩，似乎較爲接近。張協與左思時代相同，他這首詩到底曾受到或受到左思多少的影響，我們雖然不得而知。但從這首詩故事性極爲濃厚的情形看起來，它在表達的手法上，似乎並未受到左思詠史詩的影響。同時我們也由此可知，左思的詠史詩在當代似乎還沒有產生什麼影響力。

其次，到了東晉以後，受左思影響者約有三人，一爲郭璞，一爲袁宏，一爲陶淵明。其中我們首先要談到的是郭璞。案郭璞與左思在生活方面有許多相同或類似的地方，譬如，㈠左思的父親起於小吏，以才能擢爲殿中侍御史。郭璞的父親曾任尙書都令吏，最後則「終於建平太守」，〔註二〕二人出身都非常卑微。㈡在學術上，「左思兼善陰陽之術，有著實證的科學精神。而郭璞也喜歡周易卜筮，且把科學精神發揮到語言學和神話學的工作上」。〔註三〕㈢左思「貌寢口訥，而辭藻壯麗。」〔註四〕而郭璞則「博學有高才，而訥於言論。」〔註五〕在才學個性方面頗有相同之處。㈣左思一生都在迍邅困頓的境遭中度過，在他有生之年是否曾擔任過任何官職，如今尚無法確考。而郭璞在渡江以前，潛心於「古文奇字」和「陰陽算歷」，且又「訥於言論」，故從未出仕過。過江之後，得宣城大守之汲引，任其幕府參軍之職。其後雖以陰陽算歷之學見重於丞相王導，然所任不過著作佐郎、尚書郎等佐參之職。而最後却不明不白的死在王敦的手中，兩人在仕途上都是坎壈迍邅抑鬱難伸。㈤左思有懷才未遇之感，故其詠史有「馮公豈不偉，白首不見招」「何世無奇才，遺之在草澤」之句，而郭璞亦有知遇難求之歎。故其遊仙有「朱門何足榮，未若託蓬萊」「高蹈風塵外，長揖謝夷齊」之句，對當代所施行的士族政治和門閥制度，都有一種憤恨不平悲怨不已的情感。因此在作品的精神上，也有許多相同或類似之處。譬如左思三都賦，代表兩晉統一後之時代意識。郭璞作「江賦」，則代表晉朝南渡後之時代意識。而江賦無論從內容形式等各方面看起來，似乎都是左思吳都賦的模仿和擴大，其血緣的關係可以說極爲明顯。其次左思借「詠史」「招隱」以抒其懷抱，而郭璞則假「遊仙」以傷其坎壈。兩者除了內容取材（一者爲史，一者爲仙）略有不同之外。其他在精神、風格、宗旨、情感……等各方面而言，似乎都沒有什麼不同之處。茲爲明白具體起見，我們不妨試舉數例來加以比較，首先讓我們先來比較一下左思的招隱詩之一和郭璞的遊仙詩之十：

「杖策招隱士，荒塗橫古今。巖穴無結構，丘中有鳴琴。白雲停陰岡，丹葩耀陽林。石泉漱瓊瑤，纖鱗或浮沉。非必絲與竹！山水有清音。何事待嘯歌，灌木自悲吟。秋菊兼餱糧，幽蘭間重襟。躊躇足力煩，聊欲投吾簪。」——左思招隱詩之一

「璇臺冠崑嶺，西海濱招搖。瓊林籠藻映，碧樹疏英翹。丹泉漂朱沫，黑水鼓玄濤，尋仙萬餘日，今乃見子喬。振髮晞翠霞，解褐被絳絹，總轡臨少廣，盤虬舞雲軺，永偕帝鄉侶，千齡共逍遙。」——郭璞遊仙詩之十

左思招隱詩之一，前八句所描寫的是隱士所居之地，中六句所描寫的是隱士清高的生活，最後二句則寫出自己對隱士生活之羨慕，而以「躊躇足力煩，聊欲投吾簪」二語作結。而郭璞的遊仙詩之九，前六句所描寫的是仙人所居之地，後八句所描寫的是對仙人生活之嚮往以及脫去塵俗急欲從之而遊的願望，最後則以「永偕帝鄉侶，千齡共逍遙」二句作結。除取材有「仙」「隱」之別外，其內容、結構，可以說都非常接近。其次讓我們再來看看左思的詠史之五與郭璞的遊仙之一：

「皓天舒白日，靈景耀神州。列宅紫宮裡，飛宇若雲浮。峨峨高門內，藹藹皆王侯。自非攀龍客，何爲欻來遊。被褐出閶闔，高步追許由。振衣千仞岡，濯足萬里流。」——左思詠史之五

「京華遊俠窟，〔註六〕山林隱遯棲。朱門何足榮，未若託蓬萊。臨泉挹清波，陵岡掇丹荑。靈谿可潛盤，安事登雲梯。漆園有傲吏，萊氏有逸妻。進則保龍見，退爲觸藩羝。高蹈風

塵外，長揖謝夷齊。」——郭璞遊仙詩之一

一者說「自非攀龍客，何爲欻來遊」，一者說「朱門何足榮，未若託蓬萊」；一者說「被褐出閶闔，高步追許由」，一者說「高蹈風塵外，長揖謝夷齊」；一者說「振衣千仞岡，濯足萬里流」；一者說「臨源挹清波，陵岡掇丹荑」；不但辭句相近，情感相似，〔註七〕甚至於連取材也完全相同，〔註八〕可見兩者在作品上的確有許多相同的地方。同時歷代批評家對郭璞所作的評語，如：

「遊仙之作，詞多慷慨，乖遠玄宗，其云：『奈何虎豹姿。』又云：『戢翼棲榛梗。』乃是坎壈詠懷，非列仙之趣也。」——鍾嶸詩品

「景純遊仙，當與屈原遠遊同意。蓋自傷坎壈，不成匡濟，寓旨懷生，用以寫鬱。」——何焯義門讀書記

也都與左思相近。那麼郭璞作品在風格精神上曾經受到左思的啓發和影響的事實，雖無確切的證據。但至少也應是距離事實不太遠的一種推論吧！

其次，我們所要談到的是袁宏所作的兩首詠史詩：

「周昌梗概臣，辭達不爲訥。汲黯社稷器，棟樑天表骨。陸賈厭解紛，時與酒檮杌。婉轉將相門，一言和平勃。趨舍各有之，俱令道不沒。」——其一

「無名困螻蟻，有名世所疑。中庸難爲體，狂狷不及時。楊惲非忌貴，知及有餘辭。躬耕南山下，蕪穢不遑治。趙瑟奏哀音，秦聲歌新詠。吐音非凡唱，負此欲何之。」——其二

詩中提到四個歷史上的人物：周昌、汲黯、陸賈、楊惲，但目的並不在鋪述他們的故事，而是借他們的故事和影像把自己的思想投影其間，來表達自己對人生的某種理想和態度，在題材的運用和技法的表達上，與左思詠史完全相同，其受左思影響，可以說極爲明顯。

其次，我們再來看看陶淵明的作品。案陶淵明曾受左思影響一事，歷代批評家均有極爲明白的指稱，如鍾嶸詩品云：

「其原出於應璩，又協左思風力。」

宋濂答章秀才論詩云：

「陶元亮，其先出於太沖景陽。」

張蔚然西園詩麈亦云：

「在六朝而無六朝習氣者，左太沖、陶彭澤也。」

不是認爲陶左二人風格相同，便是認爲陶出於左。由此可見，陶左二人在風格上有某些實質的影響和傳承，應是無庸置疑的一件事。以下我們專從作品風格上，來看看他們彼此之間到底曾經有過那些影響。案陶淵明作品的風格，據鍾嶸詩品所作的評語是：

「其原出於應璩，又協左思風力，文體省淨，殆無長語，篤意眞古，辭興婉愜。每觀其文，想見其德，世歎其質直。至如『歡言酌春酒』『日暮天無雲』，風華淸靡，豈直爲田家語耶？古今隱逸詩人之宗也。」

認爲他的作品有兩個特點：㈠從文采方面而言，是「省淨」「質直」。㈡從表達的技法和情感方面而言，是「辭興婉愜」。而左思作品的風格，據鍾嶸詩品所作的評語是：

「文典以怨，頗爲精切，得諷諭之致。雖野於陸機，而深於潘岳。」

也以爲左思的作品在文采和表達的方式上有兩個特點：㈠在文采方面而言，是「典」「野」。㈡在表達的情感和方式而言，是得「諷諭之致。」就含義上而言，這裡所說的「典」「野」，也就是上文評陶所說的「省淨」「質直」，這裡所說的「得諷諭之致」，也就是上文評陶所說的「辭興婉愜」。兩者在風格的表現上，可以說極爲相近。茲爲明白起見，我們現在就從這兩方面來舉例加以說明：首先讓我們先來看看他們在文采方面所作的表達：

「荊軻飲燕市，酒酣氣益震。哀歌和漸離，謂若旁無人。雖無壯士節，與世亦殊倫。高眄邈四海，豪右何足陳。貴者雖自貴，視之若埃塵。賤者雖自賤，重之若千鈞。」——左思詠史詩之六

「燕丹善養士，志在報強嬴。招集百夫良，歲暮得荊軻。君子死知已，提劍出燕京。素驥鳴

廣陌，慷慨送我行。雄髮指危冠，猛氣衝長纓。飲餞易河上，四座列群英。漸離擊悲筑，宋意唱高聲。蕭蕭哀風逝，淡淡寒波生。商音更流涕，羽奏壯士驚。公知去不歸，且有後世名。登車何時顧，飛蓋入秦庭。凌厲越萬里，逶迤過千城。圖窮事自至，豪主正怔營。惜哉劍術疏，奇功遂不成。其人雖已沒，千載有餘情。」——陶淵明詠荊軻。

題目同，借史抒懷之用意亦同，而一者高風健筆，一者蒼涼激越，不惟風骨力氣相同，且文辭之樸素簡鍊，亦絕相類似。其餘諸作，亦大抵類似。歷代批評家指陳已多，自無煩一一例舉。其次，讓我們再就兩人在表達的技法上所作的表現作一深入之觀察：左思詠史，借古諷今，以史抒懷，因此使他所要喻託表達的理想和情感，顯得更爲含蓄委婉，頗有古詩「溫柔譎喻」之情致，故鍾嶸詩品稱之爲「得諷諭之致。」而在陶淵明的許多篇章裡，也都頗有這種傾向，因此鍾嶸詩品也以「辭興婉愜」稱之，譬如詠貧士七首，詠二疏一首、詠荊軻一首、飲酒之十一、十八，皆是「借古抒懷」「婉轉寄意」之作，不僅取材與左思詠史相同，且其表達之技法，亦與左思如出一轍。其中尤以「詠貧士七首」與詠史最爲肖似。詠史八首以八首爲一組，而以第一首爲其總序，然後依次展開，引古人古事以抒其懷抱。「詠貧士七首」則以七首爲一組，而以第一、二首爲其總序，描寫的是陶淵明自己，然後依次引述榮啓明、原憲、黔婁、袁安、張仲蔚、黃子廉等這些「古人古事」，以表達他對人生的理想和態度，在結構題材上可以說完全相同。其次在表達的技法上，左思詠史捨棄了漢魏以前以歌詠史實人物爲其主要內容的寫法，而改以詠史爲附抒情爲主的方式來從事寫作。而陶淵明「詠貧士」等諸作，在表達的技法上，亦與左思詠史無異，都是利用古人的形象來映現自己的理想和態度，譬如詠貧士之三：

「榮叟老帶索，欣然方彈琴。原生納決履，清歌暢商音。重華去我久，貧士世相尋。弊襟不掩肘，藜羹常乏斟。豈忘襲輕裘，苟得非所欽。賜也徒能辯，乃不見吾心。」

榮叟是指古時貧士榮啓期，原生是指孔子門生原憲。案列子天瑞篇云：

「孔子遊於泰山，見榮啓期行乎郕之野，鹿裘帶索，鼓瑟而歌。孔子問：『先生所以爲樂，何也？』對曰：『吾樂甚多，天生萬物，惟人最貴，而吾得爲人，是一樂也。男女之別、男尊女卑，故以男爲貴，吾既得爲男，是二樂也。人生有不見日月，不免襁褓者，吾既以行年九十矣，是三樂也。貧者士之常也，死者人之終也，吾處常得終，當何憂哉？』」

詩首二句所叙述的就是榮啓期「鹿裘帶索鼓瑟而歌」的這個故事。又案韓詩外傳云：

「原憲居魯，子貢往見之。原憲應門，振襟則肘見，納履則踵決。子貢曰：『先生何病也？』憲曰：『憲，貧也，非病也。仁義之匿，車馬之飾，憲不忍爲也。』子貢慚，不辭而去，憲乃徐步曳杖，歌商頌而返，聲淪於天地，爲出金石。」

三、四兩句所叙述就是原憲「振襟見肘」「納履踵決」而又能「歌商頌而返」的這個故事。全詩就是假借他們兩人這種「安貧樂道」「不慕榮利」的精神和事迹，來表達自己對貧窮人生所採取的一種態度和看法。寫的雖是古人，但講的却是他自己，把自己的思想和情感垂直而明顯的投影到古人的映象上，如最後四句云：「豈忘襲輕裘，苟得非所欽，賜也徒能辯，乃不見吾心。」即使是最遲鈍的人，也可以體會得到這四句說的不是古人的事迹，而是作者自己的懷抱。這種表達的技法，跟左思詠史八首「不必專指一人，專詠一事，詠古人而己之情性俱見」（註九）的這種寫法，豈非如出一轍？此外詠貧士七首與詠史八首在所表達的內容和情感上也有許多相同和類似的地方：譬如左思因壯志不酬，仕途迍邅而對社會不滿，最後則引古人古事來安慰自己，所以他在詠史八首中說：「落落窮巷士，抱影守空廬。」「馮公豈不偉，白首不見招。」「英雄有迍邅，由來自古昔，何世無奇才，遺之在草澤。」而陶淵明也是由於身處濁世，壯志未酬，困於飢寒，而對社會感到不滿，最後則以古代貧士安貧樂道之精神和榜樣來安慰自己，所以他在詠貧士七首中說：「擁褐曝前軒」「豈不飢與寒」「閑居非陳厄，竊有慍見言。」「何以慰吾懷，賴古多此賢。」在內容、感情、技法、結構上有這麼多相同和類似的地方，我們怎麼能不相信鍾嶸詩品所說的：「陶淵明（其原出於應璩）又協左思風力」這一句話呢？

除此之外，進入南朝之後，受左思風格影響者尚有二人，一爲顏延之，一爲鮑照。顏延之，據晉書本傳上所作之記載，說他出身寒微，少年孤貧，雖有用世之心，但由於環境險惡，且又困於資地，故仕途不顯，困躓顛連。東晉末年，所任不過「後軍功曹」與「始安郡守」。入宋以後，雖略有陞遷，亦不過擢爲「秘書監」、「光祿勳太常」等政治上無足輕重之職位而已。雖曾一度獲寵於孝獻王義眞，而許以「得志之後」任之以宰相之職，（註十）但最後却由於孝獻王之敗亡，而失所憑依，又不肯諂事權貴，「見劉湛、殷景仁專當要任，意有不平」」竟公然斥之云：「天下之務，當與天下人共之，豈一人之志所能獨了？」（註十一）於是遂見逐於劉、殷，而被貶爲永嘉太守。同時傳中又說他：「布衣蔬食，獨酌郊野，當其爲適，旁若無人。」因爲不得志但又不甘淡泊，於是遂傲然的過著旁若無人不拘禮節的放誕生活。可見他對現實政治所懷的怨懟和不滿是多麼強烈而熾熱，但這股情緒又不便用粗鄙的直言的方式來表達。於是遂假借與已性情相近處境相同的古人古事來婉轉的諭託其志，一方面自己的情志得以借古人之形象委婉曲達，另外一方面又不至以粗陋鄙近而見譏於人，或遂以此召禍。於是顏延之的五君詠就是在這種情形之下產生的，關於這一點，宋書顏延之傳有極爲詳細之說明：

「顏延之領步兵，好酒疏誕，不能斟酌當世，劉湛言於彭城義康，出爲永嘉太守。延之甚怨憤，乃作五君詠，以述竹林七賢，山濤王戎以貴顯被黜。詠嵇康曰：『鸞翮有時鎩，龍性誰能馴。』詠阮籍云：『物故不可論，途窮能無慟。』詠阮咸曰：『屢薦不入官，一麾乃出守。』詠劉伶曰：『韜精日沈飲，誰知非荒宴。』此四句蓋自序也。」

其內容、主旨、技法上可以說完全取法於左思詠史八首，其中尤以「鸞翮有時鎩，龍性誰能馴。」「物故不可論，途窮能無慟。」「屢薦不入官，一麾乃出守。」「韜精日沈飲，誰知非荒宴。」這些帶有極爲強烈的「夫子自道」的傾向的辭句，與左思詠史八首下列辭句：「馮公豈不偉，白首不見招。」「自非攀龍客，何爲欻來遊。」「貴者雖自貴，視之若埃塵。賤者雖自賤，重之若千鈞。」「英雄有迍邅，由來自古昔，何世無奇才，遺之在草澤？」豈非有如「且暮遇之」「千古同調」？

其次，我們所要談到的是鮑照。鮑照在所有曾受左思影響的作家之中，可能是跟左思最爲肖似、最有同命感的一位。關於這一點，我們可以從下面這幾件事情中窺知一、二。第一、出身寒微：「南史」和「宋書」都沒有單獨爲他立傳，僅載於「臨川武王道規傳」之後，而所記又極爲簡略。同時在他自己所著的詩文集中，也經常提到「身地孤賤」、（註十二）「綏鮮兄弟」、（註十三）「負鍤下農，執羈末皀」、（註十四）「本應守業，貇畛剿芿，牧鷄圈豕，以給征賦」（註十五）這些自述生平的話。所言雖不無渲染誇大謙遜憤懣之處，但他那種「門衰祚薄」「困於資地」的情形，跟左思相較，可以說「絕可作對」。（註十六）此外，在家庭的某些情形上，與左思亦頗多相似之處。譬如左思是「惟我惟妹，實惟同生，早喪先妣，恩百常情」，（註十七）而鮑照則是「臣母年老，經離憂傷」「天倫同氣，實惟一妹」，（註十八）而兩人之妹又都同時具有令人感到驕傲讚賞的卓絕文才，如左思之妹左芬是「幽思泉涌，乃詩乃賦，飛翰雲浮，摛藻星布」。〔註十九〕而鮑照之妹鮑令暉所作之詩則是「斷絕淸巧，擬古尤勝。」因此，鮑照在潛意識中經常以左思兄妹自擬，認爲自己兄妹在才性習氣上與左思兄妹有極相酷似之處，而把左思兄妹當作自己兄妹的影子一般的來看待。關於這點，我們可以從鍾嶸詩品對鮑令暉所作的評語中，獲得一個相當有力的印證：

「照常答孝武云：『臣妹才自亞於左芬，臣之才不及太沖爾。』」

由此可見，左思兄妹在其潛意識中具有相當重要的地位和影響，應該是一件不言可喻的事。第二、自負其才，在功業上極思有一番偉大的作爲和建樹，這在他所作的詩文中，有極爲明白的表示：譬如在侍郞報滿辭閣疏這篇文章中他曾說：

「幼性猖狂，因慕頑勇，釋擔受書，廢耕學文。」

在擬古第二、三首中又說：

「十五諷詩書，篇翰靡不通。弱冠參多士，飛步遊秦宮。側覩君子論，預見古人風。兩說窮舌端，五車推筆鋒。羞當白璧貺，耻受聊城功。晚節從世務，乘障遠和戎。解佩襲犀渠，卷袠奉盧功。始願力不足，安知今所終。」——擬古第二首

「幽并重騎射，少年好馳逐。氊帶佩雙鞬，象弧插雕服。獸肥春草短，飛鞚越平陸。朝遊燕

門上，暮還樓煩宿。石梁有餘勁，驚雀無全目。漢虜方未知，邊城屢翻覆。留我一白羽，將以分虎竹。」——擬古第三首

都非常英勇豪邁堅定自信的表達了他立功報國功成身退的志願。他這種志向和抱負，跟左思可以說完全相同。其中尤以第二首，無論在內容、語氣、思想上皆與左思詠史一、三首完全肖似，可見他這裡所擬的對象，必然就是左思詠史八首中的一、三兩首，否則在風格精神上絕不至如此神肖。同時爲了實現他這個強烈而宏偉的壯志，在現實生活中，他也曾像左思一樣，做過了不少的努力和掙扎。譬如在南史本傳中就有這麼一段記載說：

「照始嘗謁義慶，未見知，欲貢詩言志，人止之曰：『郎位尙卑，不可輕忤大王。』照勃然曰：『千載上有英才異士沉沒而不聞者，安可數哉？大丈夫豈可遂蘊智能，使蘭艾不辨，終日碌碌與燕雀相隨哉？』於是奏詩，義慶奇之，……文帝以爲中書舍人，上好文章，自謂人莫能及。照悟其旨，爲文章多鄙言累句，咸謂照才盡，其實不然也。」

爲了見賞於劉義慶，他拿最好的作品去謁見他，以求「貢詩言志」。爲了討好於宋文帝，他故意以「鄙言累句」來滿足其虛榮心，這不僅充分顯示他對建功立業報効國家這件事有著非常強烈的願望，同時也強烈的顯示出他在精神上的痛苦，和心理上的矛盾。這種作爲和表現跟左思仰望他妹妹左芬的援助，傾力著作三都賦而求序於皇甫謐，甚而接受賈謐之延聘，而爲其二十四友之一

的作爲和表現，又有什麼不同呢？第三、由於出身寒微，不見容於豪門貴族，因此在政治上一直過著非常不得志的生活：他在二十多歲的時候，曾因獻詩於臨川王義慶，而被擢爲王國侍郎這種最起碼的事務官，其後卽長期的在衡陽王義季、始興王璿的王國中擔任侍郎之職，一直都過著貧病交迫、「板鍤陑塗必須躬親」（註二十）的生活，晚年轉任朝官，但所擔任的不過是一些太學博士、中書舍人、海虞令、秣陵令這些中下級的官職，最後甚至於陷入統治階段的內部紛爭中，而平白無辜的喪失了他寶貴的生命。壯志未酬，而黯然以沒，其顛沛困厄躊躇迍邅之際遇，若與左思相較，又是多麼的憾然相若？第四、由於受到豪門世族的壓抑和排斥，使他終身屈居人下，無法實現他的雄心壯志，因此內心對世族政治和門閥制度感到無比的怨憤和不滿，而他這股怨憤不滿的情緒就藉著他的詩文淋漓盡致的傾瀉出來，譬如：

「信哉！古人有數寸籥，持千鈞之關，非有其才施，處勢要也。瓜步山者，亦江中渺小山也，徒以因迴爲高，據絕作雄，而凌看遠，擅奇含秀，是亦居勢使之然也。故才之多少，不如勢之多少遠矣。」——瓜步山揭文

「瀉水置平地，各自東西南北流。人生亦有命，安能行歎復坐愁，酌酒以自寬，擧杯斷絕歌路難，心非木石豈無感，呑聲躑躅不敢言。」——擬行路難之四

「對案不能食，拔劍擊柱長歎息。丈夫生世能幾時，安能蹀躞垂羽翼。棄置罷官去，還家自

休息。朝出與親辭，暮還在親側，弄兒牀前戲，看婦機中織，自古聖賢皆貧賤，何況我輩孤且直。」——同上之六

此外如擬古之二、六、七，擬行路難之十四、十八，學劉公幹體之三……等，無論是明喻或暗指，直致或屈達，都是在發洩他這股怨憤不滿的情緒。其中最值得我們注意的就是瓜步山揭文這篇文章。因爲在這篇文章裡，他假借對瓜步山風景的描寫，來表達他對人世間「才之多少不如勢之多少」這種不平現象所感到的不滿和怨憤的情緒。所使用的純然是一種比喻和聯想的手法，如果我們把它這種手法和涵意，拿來跟左思詠史第二首作一比較的話，我們就可以發現：在涵意上，左思所要表達的是：對「世胄躡高位，英俊沈下僚」這種不平現象所感到的不滿和怨憤的情緒。在手法上，左思是藉「鬱鬱澗底松，離離山上苗，以彼徑寸莖，蔭此百尺條」的情景來引發我們的聯想和興趣。除了體裁上一韻一散有所不同之外，其他在涵意手法上可以說完全相同。由此，我們可以想像得到，當鮑照在寫作瓜步山揭文這篇短文時，在其腦海中，必然曾經很清晰的浮現過左思所作的詠史八首中的這一首吧！

由上所述，鮑照無論在身世、遭遇、思想、情感、處境等各方面都跟左思非常相似，而且在意識上又經常以左思兄妹自擬，那麼他的作品在有意無意之間取法於左思或受左思之影響，應是非常自然的一件事，以下我們就舉幾個例子來加以說明：首先我們所要舉的是他的詠史這一首詩：

「五都矜財雄，三川養聲利。百金不市死，明經有高位。京都十二衢，飛甍各鱗次。仕子彯華纓，游客竦輕轡。明星晨未稀，軒蓋已雲至。賓御紛颯沓，鞍馬光照地。寒暑在一時，繁華及春媚。君平獨寂寞，身世兩相棄。」

關於這一首詩的內容和涵意，在劉履所著的「選詩補註」中有極為詳細的說明，茲為明白起見，特將其說法全部引錄如下：

「此篇本指時事，而託以詠史。故言漢時五都之地，皆尙富豪，三川之人，多好名利，或明經而出仕，或懷金而來遊，莫不一時駢集於京都。而其服飾車徒之盛。譬則四時，寒暑各異，而今日繁華，正如春陽之正媚。當是時，惟君平在成都修身自保，不以富貴累其心，故獨窮居寂寞，身既棄世而不仕，世亦棄君平而不任也。然此豈明遠退處既久，而因以自況歟？」

可見鮑照寫作這一首詩的目的，一方面是假借嚴君平「修身自保」「窮居寂寞」的故事，來比喻自己「退處既久」而不爲世所任的困境；一方面則是假借嚴君平那種安貧樂道的精神，來對照諷刺那些在宦途中以追逐攀附交遊權貴爲手段，而過著「蠅營狗苟」的生活的人們。開頭所描寫的是都市的繁華和富貴人家「軒蓋雲至」「賓御颯沓」那種豪華侈麗的生活，最後則以古人窮居寂寞安貧樂道的生活和精神爲例，來吐露自己的心聲和感想。這種表達的方法，在左思的詠史詩中，可以說是最常見到的一種。譬如下列這兩首詩：

「濟濟京城內，赫赫王侯居。冠蓋蔭四術，朱輪竟長衢。朝集金張館，暮宿許史廬。南鄰擊鍾磬，北里吹笙竽，寂寂楊子宅，門無卿相輿。寥寥空宇中，所講在玄虛。言論準宣尼，辭賦擬相如，悠悠百世後，英名擅八區。」——詠史之四

「皓天舒白日，靈景耀神州，列宅紫宮裡，飛宇若雲浮，峨峨高門內，藹藹皆王侯，自非攀龍客，何爲欻來遊？被褐出閶闔，高步追許由。振衣千仞岡，濯足萬里流。」——詠史之三

如果把這兩詩拿來跟鮑照詠史作一比較的話，則兩者之間，在內容結構上該是何等的相像和逼似？只不過左思在情感的表達上比較直截顯露，豪放坦率，而鮑照則比較含蓄隱藏不露痕迹而已。

此外兩者實無不同之處。其次，我們所要舉的是他的蜀四賢詠：

「渤澥水浴梟，春山玉抵鵲。皇漢方盛明，群龍滿階閣。君平因世閒，得還守寂寞。閉簾注道德，開封述天爵。相如達生旨，能屯復能躍。陵令無人事，毫墨時灑落。褒氣有逸倫，雅績信炳傳。如令聖賢納，金鑣易羈絡。良遮神明遊，豈伊覃思作。玄經不期賞，蟲篆憂散樂。首路或參差，投駕均遠託。身表既非我，生內任豐薄。」

案張玉穀分析左思用以詠史抒懷的方法共有四種：(1)或先述已意，而以史事證之。(2)或先述史事，而以己意斷之。(3)或止述己意，而史事暗合。(4)或止述史事，而己意默寫。而鮑照所作的這首蜀四賢詠，先分別歌詠司馬相如，嚴君平、王褒、楊雄等四人的事迹，然後再表達自己的意見。

在方法上，與張玉穀所說的第二類詩可以說完全相同。讀者只要把這首詩跟左思詠史第七首作一比較，自然就能了然其間相同之處。此外，鮑照在這首詩裡把司馬相如、嚴君平、王褒、楊雄等四人合在一起而加以描寫的這種意念，大概也是得之於左思所寫的蜀都賦這篇文章。案蜀都賦在接近尾聲的那一部分歷數蜀地人才的時候，曾同時提及他們四人說：

「近則江漢炳靈，世載其英，蔚若相如，皭若君平，王褒曄曄，揚雄含章而挺生，幽思絢道德，摛藻掞天庭，考四海而為儁，當中葉而擅名，是故遊談者以為譽，造作者以為程也。」

把司馬相如、嚴君平、王褒、楊雄四人相提並論，最早是始於左思的這篇蜀都賦，可見鮑照在作這首詩的時候，腦海裡必然曾經意識到左思的這篇文章吧！

隋唐以後，左思詠史之影響較前更為廣泛，更為普徧，凡所謂古風、古意、古興、詠古、懷古、覽古、感古、諷古、述古……等，若推本溯源，考其原始，大抵皆與左思詠史有或多或少的淵源在。但由於時代久遠，作者漸多，而這種詩體又日益普遍，因此反而使這個最早賦與詠史詩這種體裁以抒情詠懷的功能和生命的作家普遍遭受人們的冷淡。而不為歷代著名詩人（如李如、杜甫等）所提及。但事實上，它的影響却仍在默默之中傳布到許多詩人的身上。譬如盧照隣的詠史四首，陳子昂的感遇三十八首，李白的古風五十九首中的某些篇章，以及杜甫在秦州時代所作的遺興五首，我們都可以從其中或強或弱或濃或淡的感受到左思詠史八首從遙遠的地方所投射過來的影子。其中尤以號稱詩仙的李白所受的影響爲最大。這我們可以從下面這幾件事情裡看得出一點端倪來：㈠首先我們從思想上和人生態度上來看：左思把「建功立業」「功成身退」當作他一生中最高的理想和志業，因此他說：

「長嘯激清風，志若無東吳。鉛刀貴一割，夢想騁良圖。左眄澄江湘，右盼定羌胡。」——詠史之一

「吾希段干木，偃息藩魏君。吾慕魯仲連，談笑却秦軍。當世貴不羈，遭難能解紛。功成不受賞，高節卓不群。臨組不肯緤，對珪寧肯分。連璽耀前庭，比之猶浮雲。」——詠史之三

不但說明了自己「澄江湘」「定羌胡」的壯志，同時對段干木、魯仲連「功成身退」「恥受封賞」的行爲和高節，也表達了他無限的崇敬和仰慕之情。而李白在思想和人生態度上，也跟左思一樣，對政治有強烈的宏時濟世的壯志和追求功名富貴的願望。譬如他常以管、鮑、諸葛、樂毅等人自期，而再三的表示他的壯志說：

「寧知草間人，腰下有龍泉，浮雲在一決，誓欲清幽燕。」——在水軍宴贈幕府諸侍御

「腰間玉具劍，竟許無遺諾，壯志不可輕，相期在雲閣。」——遊敬亭寄崔侍御

「欲獻濟時策，此心誰見明？……投軀寄天下，長嘯尋豪英。恥學瑯琊人，龍蟠事躬耕。富貴吾自取，建功及春榮。」——鄴中贈王大勸入高鳳石門山幽居

「平明空嘯咤，思欲解世紛，……羞作濟南生，九十誦古文。不然拂劍起，沙漠收奇功。老死阡陌間，何因揚清芬。」——贈何七判官昌浩

甚至於在談到功名富貴的追求時，他也非常坦率眞誠，毫無隱諱。他說：「富貴吾自取，建功及春榮。」（註二十）「壯志恐蹉跎，功名若雲浮。」（註二十一）「功業莫從就，歲光屢奔迫。」（註二十二）可見他對建功立業功名富貴一事，是如何熱切焦急。

但從另外一方面來看，他對功名富貴的念頭却又非常的淡薄超脫：他只希望建功，却不願意居功，常有「功成身退」飄然獨往的想法，譬如他在行路難中說：「吾觀自古賢達人，功成不退皆殞身。」在留別王司馬嵩中說：「願一佐明主，功成還舊林。」都是這種思想的表現，因此他跟左思一樣，對那些能夠「功成身不居，舒卷在胸臆」（註二十三）的人物都表示無上的敬佩和仰慕，譬如魯仲連、謝安、商山四皓等，都是他平日最爲敬佩仰慕的英雄人物。其中尤以魯仲連之「倜儻不羈」「屢建奇功」而又能「功成身退」，更是他終身所翹企仰慕之對象：

「齊有倜儻生，魯連特高妙。明月出海底，一朝開光耀。却秦振英聲，後世仰末照。意輕千金贈，顧向平原笑。吾亦澹蕩人，拂衣可同調。」——古風之十

「我以一箭書，能取聊城功，終然不受賞，羞與時人同。」——五月東魯行答汶上君

其他如：「魯仲賣談笑，豈是顧千金。」（註二十四）「魯連及柱史，可以躡芬。」（註二十五）

「辯異田巴子，心齊魯仲連。」（註二十六）「魯連逃千金，珪組豈可酬？」（註二十七）「魯連善談笑，季布折公卿。」（註二十八）等篇章，也都一再的提到魯仲連，可見他對魯仲連的「奇功」和「高節」是如何的心嚮往之了。如果把這些篇章拿來跟左思詠史之一、三作一比較的話，我們就可以發現，兩者之間在思想上和人生態度是如何的相近了。

其次我再從作品上來看，李白與左思也有許多相同的地方，譬如下列各首：

「咸陽二三月，宮柳黃金枝，綠幘誰家子，賣珠輕薄兒。日暮醉酒歸，白馬驕且馳。意氣人所仰，治遊方及時。子雲不曉事，晚獻長楊賦。賦達身已老，草玄鬢若絲。投閣良可嘆，但爲此輩嗤。」——古風之八

「莊周夢胡蝶，胡蝶爲莊周。一體更變易，萬事良悠悠。乃知蓬萊水，復作清淺流。青門種瓜人，舊日東陵侯，富貴故如此，營營何所求？」——仝上九

「齊有倜儻生，魯連特高妙。明月出海底，一朝開光耀。却秦振英聲，後世仰末照。意輕千金贈，顧向平原笑。吾亦澹蕩人，拂衣可同調。」——仝上十

「松柏本孤直，難爲桃李顏。昭昭嚴子陵，垂釣滄波間。身將客里隱，心與浮雲閑。長揖萬乘君，還歸富春山。清風灑六合，邈然不可攀。使我長嘆息，冥棲巖石間。」　仝上十二

「君平既棄世，世亦棄君平。觀變窮太易，探元化群生。寂寞綴道論，空簾閉幽情。騶虞不

虛來，鸑鷟有時鳴。安知天漢上，白日懸高名。海客去已久，誰人測沉冥。」——仝上十三

「燕昭延郭槐，遂築黃金臺。據辛方趙至，鄒衍復齊來。奈何青雲士，棄我如塵埃。珠玉買歌笑，糟糠養賢才。方知黃鵠舉，千里獨徘徊。」——仝上十五

「抱玉入楚國，見疑古所聞。良寶終見棄，徒勞三獻君。直木宜先伐，芳蘭哀自焚。盈滿天所損，沉冥道爲群。東海沉碧水，西關乘紫雲，魯連及柱史，可以躡清芬。」——仝上三十六

「一百四十年，國容何赫然。隱隱五鳳樓，峨峨橫三川。王侯象星月，賓客如雲煙。鬥雞金宮裡，蹴踘瑤臺邊。舉動搖白日，指揮回青天。當塗何翕忽，失路長棄捐。獨有楊執戟，閉關草太玄。」——仝上四十六

「倚劍登高台，悠悠送春目。蒼榛蔽層丘，瓊草隱深谷。鳳鳥鳴西海，欲集無珍木。鷽斯得所居，蒿下盈萬族。晉風日已頹，窮途方慟哭。」——仝上五十四

「越客採明珠，提攜出南隅。清輝照海月，美值傾客都。獻君君按劍，懷寶空長吁。魚目復相哂，寸心增煩紆。」——仝上五十六

以上各首，在題材上是採用史實人物，在宗旨上是「借古諷今」「以史抒懷」。在技法上是在引述史實人物的過程中明顯的表露自己的思想和情感。無論在那一方面看起來，都與左思詠史八首無異。甚至於在情感詞句上也都有許多相同之處。茲爲明白起見，特將兩者詞意相同之處對舉數

例如下：

左思	李白
△以彼徑寸葉，蔭此百尺條。（詠史之二）	△蒼榛蔽層丘，瓊草隱深谷。（古風五十四）
△功成不受賞，長揖歸田廬。（詠史之一）	△長揖萬乘君，還歸富春山。（古風十二）
	△顧一佐明主，功成還舊林。（留別王司馬嵩）
△功成恥受賞，高節卓不群。（詠史之三）	△終然不受賞，羞與時人同。（五月東魚行答汶上君）
△連璽耀前庭，比之猶浮雲。（詠史之三）	△意輕千金贈，顧向平原笑。（留別王司馬嵩）
△巖穴無結構，丘中有鳴琴。（招隱之一）	△他日閒相訪，丘中有素琴。（古風之十）
△寂寂楊子宅，門無卿相輿。寥寥空宇中，所講在玄虛。（詠史之四）	△獨有楊執戟，閉關草太玄。（古風之四十六）
△濟濟京城內，赫赫王侯居。冠蓋蔭四術，朱輪竟長衢。朝集金張館，暮宿許史廬。南鄰擊鐘磬，北里吹笙竽。（詠史之四）	△隱隱五鳳樓，峨峨橫山川。王侯象日月，賓客如雲煙。鬥雞金宮裡，蹴踘瑤臺邊。（古風之四十六）

除此之外，在左思作品中所提到的幾個人物，如魯仲連、楊雄、荆軻、高漸離、許由、蘇秦、李斯、陳平、朱買臣、司馬相如、（以上詠史）嚴君平（三都賦），也都經常出現在李白的筆下，譬如在古風之十、在水軍宴贈幕府諸侍御、留別王司馬、五月東魯行答汶上君、古風之三、感興八首之七、別魯頌……等所提到的魯仲連，古風之八、古風之四十六所提到的楊雄，別內赴徵所提到的蘇秦，行路難、古風之十所提到的李斯，南陵別兒童入京所提到的朱買臣，行路難、笑歌行所提到的許由，古風之十三所提到的嚴君平，南奔書懷所提到的陳平，少年行所提到的荆軻、高漸逐離等皆是。同時，李白在其他各類體裁的作品中，如樂府、歌吟、贈送、酬答、遊宴、登覽、行役、懷古、感遇、題詠、雜詠，也都喜歡廣泛的引用史實來抒發懷抱，其例甚多，不容一一列舉。由上述各種迹象看起來，李白作品在某些抒情的手法上，曾受左思的影響，應該不是毫根據的揣測之言吧？故歷代批評家如沈德潛、陳祚明、何義門等在談到左思作品對後世的影響時，也都幾乎異口同聲的這樣認爲：

「太沖詠史，不必專指一人，專詠一事，詠古人而已之性情具見。此千秋之絕唱也，後惟明遠太白能爲之。」——沈德潛古詩源

「太沖詠史八篇，千秋之絕唱也。其原出魏武，明遠近師，太白遠效。」——陳祚明采菽堂古詩選

「左思乃晉詩中傑出者，太白多學之。」——何義門讀書記

當我們看過了上面所作的分析後，對他們所作的評論，應當也可以給予相當程度的首肯吧！

〔註　一〕：王夫之古詩評選：「三國之降爲西晉，文體大壞，古度古心，不絕於來茲者，非太沖其焉歸？」

〔註　二〕：晉書郭璞傳。

〔註　三〕：國文月刊十七期李長之西晉大詩人左思及其妹左芬。

〔註　四〕：晉書文苑傳。

〔註　五〕：晉書郭璞傳。

〔註　六〕：窟，文選五臣注作客。

〔註　七〕：兩者都是因爲對現實社會不滿，而欲隱居山林，高蹈塵外。

〔註　八〕：許由、莊子、老萊子、伯夷、叔齊都係歷史上的人物。

〔註　九〕：沈德潛古詩源。

〔註　十〕：宋書孝獻王義眞傳：「與謝靈運、顏延之、慧琳道人並周旋異常，云得志之後，以靈運延之爲宰相，慧琳爲西豫州都督。」

〔註十一〕：宋書顏延之傳。

〔註十二〕：鮑參軍集拜侍郎上書。

〔註十三〕：同上請假啓。
〔註十四〕：同上謝秣陵表。
〔註十五〕：同上侍郎報滿辭閣書。
〔註十六〕：胡應麟詩藪評鮑照語。
〔註十七〕：左思悼離贈妹二首。
〔註十八〕：鮑參軍集請假啓。
〔註十九〕：悼離贈妹二首。
〔註二十〕：李白鄴中贈王大勸入高鳳石門山幽居。
〔註二十一〕：李白憶襄陽舊遊贈濟陰馬少府。
〔註二十二〕：李白淮南臥病書懷寄蜀中趙徵君蕤。
〔註二十三〕：李白商山四皓。
〔註二十四〕：李白留別王司馬。
〔註二十五〕：李白古風之三十六。
〔註二十六〕：李白送王屋山人魏萬還王屋。
〔註二十七〕：李白贈崔郎中之金陵。
〔註二十八〕：李白獻從叔當塗宰陽冰。

重要參考書目

1. 史記　司馬遷　藝文印書館
2. 晉書校注　顏師古等著　吳士鑑、劉承幹合注　藝文印書館
3. 宋書　沈約　藝文印書館
4. 南齊書　蕭子顯　藝文印書館
5. 梁書　姚思廉、魏徵　藝文印書館
6. 隋書　魏徵　藝文印書館
7. 南史　李延壽　藝文印書館
8. 新唐書　歐陽修、宋祁　藝文印書館
9. 廿二史劄記　趙翼　世界書局
10. 文獻通考　馬端臨　新興書局

11. 通典 杜佑 新興書局
12. 兩晉南北朝士族政治之研究 毛漢光 中國學術著作獎助委員會
13. 魏晉南北朝史 勞幹 中華文化事業出版委員會
14. 兩晉南北朝史 台灣開明書店
15. 中國社會政治思想史第二册 薩孟武 三民書局
16. 魏晉南北朝的貴族政治 薩孟武 台灣大學社會科學論叢第一輯
17. 魏晉九品中正制度及其對政風之影響 楊樹藩 大陸雜誌史學叢書一輯四册
18. 六朝門閥 谷霽光 國立武漢大學文哲季刊五卷四册
19. 南北朝之士族 楊廷賢 大陸雜誌36卷第7號
20. 顏氏家訓彙注 顏之推著 周法高撰輯 歷史語言研究所專刊之四十一
21. 魏晉思想論 台灣中華書局
22. 楚辭 屈原等作 世界書局
23. 昭明文選 蕭統編 李善注 石門圖書公司
24. 增補六臣注文選 蕭統編 李延濟等注 華正書局
25. 全晉文 嚴可均 世界書局

26. 全晉詩　丁福保　世界書局
27. 王台新詠箋注　徐陵撰　吳兆宜註　廣文書局
28. 阮步兵詠懷詩注　阮籍作　黃節注　藝文印書館
29. 陶靖節集　陶淵明作　陶澍注　台灣印書館
30. 鮑明遠詩注　鮑照作　黃節注　藝文印書館
31. 李太白全集注　李白　世界書局
32. 杜工部集　杜甫　學生書局
33. 歷代詩話　何文煥編　藝文印書館
34. 歷代詩話續編　丁福保編　藝文印書館
35. 詩品　鍾嶸　開明書局
36. 義門讀書記　何焯　清光緒刋本
37. 古詩源箋註　沈德潛　古亭書屋
38. 說詩晬語　沈德潛　中華書局
39. 采菽堂古詩選　陳祚明　清康熙刋本
40. 藝概　劉熙載　廣文書局

41. 詩藪　胡應麟　中央圖書館藏少室山房筆叢本
42. 詩境總論　陸時雍　藝文印書館
43. 滄浪詩話校釋　嚴羽撰　郭紹虞校　正生書局
44. 升庵詩話　楊慎　藝文印書館
45. 對牀夜話　范晞文　藝文印書館
46. 詩源辨體　許學夷　手稿本
47. 藝苑巵言　王世貞　藝文印書館
48. 野鴻詩的　黃子雲　藝文印書館
49. 古詩評選　王夫子　船山協會印船山遺書本
50. 古詩賞析　張蔭嘉　清姑蘇思義堂發兌本
51. 韻語陽秋　葛立方　藝文印書館
52. 八代詩選　王闓運　廣文書局
53. 貞一齋詩話　李重華　藝文印書館
54. 陶淵明詩文彙評　中華書局
55. 昭昧詹言　方東樹　廣文書局

56. 中國文學發達史　劉大杰　中華書局
57. 中國文學史　葉慶炳　作者自印
58. 中國文學史　孟　瑤　大中國圖書公司
59. 中國文學批評史　郭紹虞　商務印書館
60. 中國文學批評史大綱　朱東潤　台灣開明書店
61. 魏晉南北朝文學批評史　羅根澤　台灣商務印書館
62. 魏晉南北朝文學史參考資料　泰順書局
63. 白話文學史　胡適之　文光圖書公司
64. 中國詩學設計篇　黃永武　巨流出版社
65. 中國詩學鑑賞篇　黃永武　巨流出版社
66. 中國詩學研究篇　黃永武　巨流出版社
67. 詩心　黃永武　三民書局
68. 字句鍛鍊法　黃永武　台灣商務印書館
69. 文心雕龍　劉　勰　世界書局
70. 文心雕龍研究　王更生　文史哲出版社

71.文心雕龍之創作論　黃春貴　文史哲出版社
72.文選學　駱鴻凱　中華書局
73.選詩補注　劉履　明嘉靖養吾堂刋本
74.文學與生活　李辰多　水牛出版社
75.文學新論　李辰多　東大圖書公司
76.陶淵明評論　李辰多　東大圖書公司
77.苦悶的象徵　厨川白村　經緯書局
78.中古文學史　劉師培　世界書局
79.中古文學風貌　王瑤　鼎文書局
80.中古文學思想　王瑤　鼎文書局
81.兩晉詩論　鄧仕樑　香港中文大學
82.六朝文論　廖蔚卿　聯經出版社
83.魏晉南北朝文學家　章江　大江出版社
84.漢魏六朝詩論稿　李直方　香港龍門書局
85.六朝詩論　洪順隆　文津出版社

86. 魏晉時代詩人與詩歌　方祖燊　蘭臺書局
87. 漢詩研究　方祖燊　正中書局
88. 鍾嶸詩品析論　廖蔚卿　文學評論一、二集
89. 論陸機的詩　廖蔚卿　現代文學四十一期
90. 左太沖詠史三論　程會昌　國文月刊十七期
91. 左思與詠史詩　日人與膳宏　中國文學報第21册
92. 西晉大詩人左思及其妹左芬　張長之　國文月刊十七期
93 左太沖詠史詩及其人格　張　嚴　文學雜誌五卷一期
94. 六朝的文氣論　廖蔚卿　思與言雙月刊五卷四期
95. 南朝宮體詩研究　林文月　澄輝集，文星書局
96. 阮嗣宗詠懷詩初論　沈祖棻　國文月刊65期
97. 鍾嶸品詩的標準尺度　王　力　國文月刊66期
98. 詩人李白及其痛苦　李長之　大漢書局
99. 講史與詠史詩　張政烺　中央研究院史語所集刊
100. 詩品左思其原出於公幹考釋　黃兆顯　香港大學中文學會年刊1965—1966

101. 從人倫的光輝看杜甫的詩　黃永武　國語日報書和人
102. 世說新語　劉義慶　世界書局
103. 韓詩外傳　韓　嬰　商務印書館
104. 太平御覽　李昉等撰　新興書局
105. 北堂書抄　虞世南　藝文印書館
106. 列子　舊題列御寇撰　實爲後人所僞託　三民書局